50代から知っておきたい！

年金生活の不安、解消します

丸山晴美　谷内陽一
Maruyama Harumi　Taniuchi Yoichi

幻冬舎

第1章 年金生活は、備えあれば憂いなし！

第2章 老後に備える3つの方法

第3章 年金＋貯金で老後を快適に過ごすテク

第4章 おさえておきたい年金の基本

はじめに

なんだか世知辛い世の中です。

景気回復の兆しなどと言われてはいますが、その恩恵にあずかっているのはほんの一部の人ではないでしょうか。

物価も上がり、消費税も上がり……。

大部分の人は暮らし向きがラクになった実感を持てずにいるようです。

そう遠くない将来、老後を迎える人は、さらに不安が増します。

「さすがに年金制度が破綻することはないにしても、果たしていくらもらえるのか⁉」

「本当に暮らしていけるのだろうか？」

そんなことを考えると、憂鬱になってしまいますよね。

「老後の蓄えとして２０００万円は必要」と言われたりもして、お金に対する不安は膨らむ一方です。年金生活が射程距離に入っている50代の人ならなおさらでしょう。

「どうしよう、どうしよう」

そんなふうに思い悩みながら毎日を暗い気持ちで過ごしている人もいるでしょう。

「もう絶対に無理。どうにでもなれ」

そう開き直っている人もいるかもしれません。

しかし、いずれの態度も、決してあなたのためにならないことは、言わずもがな。

もっとも良くないのは、いたずらに不安がったり開き直ったりするだけで、何も行動を起こさないことなのです。

「今からそんなに貯められない。もう間に合わない」

そう思う50代の人もいるかもしれませんが、大丈夫。打つ手はあります。これからでも行動を起こせば、悲観することなく、老後を過ごすことができるのです。

もちろん、すでにリタイアして年金の受給を待っている人や、今現在、すでに年金生活をしている人で「暮らしがラクではない」と感じている人も、やり方次第で、ラクな老後生活が可能になります。

こうした50代以降の人たちが、老後の不安を払拭し、明るい年金生活を送るために、今からできることを指南したのが本書です。

老後を豊かに暮らすためには、ある程度のお金は必要不可欠です。

では、そのお金はどこから出すのでしょうか。

基本は公的年金ですが、少しでも多くの公的年金を受給する方法があります。公的年金では足りない分の老後の蓄えとして、少しでも有利に貯蓄する方法もあります。

また、足りない分は稼ぎ出すという手もありますし、収入を増やすのではなく、出費を減らすことで収支を合わせて生活をラクにするという手段も考えられます。

本書では、そうした方法をひとつひとつ丁寧に解説しています。

最後まで読めば、「今、自分は何をすればいいのか」がわかってくるはずです。わかったら即、行動に移してください。
漠然とした老後の不安、年金の不安が解消され、明るい未来が見えてくるでしょう。

丸山晴美
谷内陽一

第1章

年金生活は、備えあれば憂いなし！

備え1

年金が始まるときのことをイメージ！

老後の漠然とした不安を払拭するには、**年金が始まるときを具体的に思い浮かべて**ください。

会社員なら、60歳で定年退職を迎えるとして年金が満額支給される65歳までに5年間の空白があることになります。この間、無収入で過ごすのは無理ならば、再雇用制度を利用するなど、収入を得る手段を考える必要が出てきます。

空白の5年間を乗り越えても、手放しで喜ぶわけにはいきません。年金の支給額は、現役時代の収入より、はるかに少ない場合が大多数です。年金の1か月の手取りの平均は夫婦で約22万円。50代の会社員の月給は、手取りで約50万円ほどですから、約28万円も収入が減ることに。子供が独立するなどして出費は減りますが、親の介護など、まだお金がかかることもいっぱいあります。現役時代と同じような生活をしていては、家計はたちまち破綻します。

月28万円のマイナスがいかに大きいかがわかるでしょう。しかし、諦めてはいけません。働くなどして収入を得る、いろいろな制度を利用したり、アイデアを駆使したりして生活費を削る。このような方法でマイナス28万円をいかにプラスマイナス0に近づけるか。これが、年金生活の明暗を分けるポイントです。

年金が始まるときをイメージできたら、自分はどのような手段で乗り切るかを考えます。10ページ以降で、その具体的な方法について解説していきます。

現在（50代）の年収が800万円、妻が専業主婦で年下の場合……

出典：厚生労働省年金局「平成31年度の年金額改定について」

会社勤め中の
1か月の手取り

約50万円

→

年金生活の
1か月の手取り

約22万円

－約28万円

50代会社員の１か月の手取りの平均は約50万円。
年金の１か月の支給額は夫婦で約22万円ですから、
現役時代よりも約28万円収入が下がることに……！

コラム1

そもそも年金にはどんな種類があるの？

A 公的年金と私的年金に分けられます

年金制度は、国（政府）が運営する**公的年金**と、国以外（企業・金融機関など）が運営する**私的年金**に分類されます。さらに私的年金は、企業が従業員のために運営する**企業年金**と、金融機関が個人に向けて販売する**個人年金**に分類されます。

わが国の年金制度は、**3階建て**（あるいは4階建て）の構造になっています。1階部分は20歳以上のすべての国民が加入する**国民年金（基礎年金）**、2階部分は会社員・公務員などの被用者（勤め人）が加入する**厚生年金**があり、2階部分までを公的年金と言います。そして、3階部分から上には、企業または個人が任意で実施（加入）する企業年金や個人年金があります。

しかし、公的年金・企業年金・個人年金は、**一口に「年金」と言ってもその性格・性質は著しく異なります**。公的年金は、全国民を強制的に加入させ所得再分配や終身給付を提供するという意味では、**社会保険・社会保障制度**の一環であると言えます。企業年金は、企業から従業員にお金が流れるという意味では、**報酬（退職金・給与）**としての性格を色濃く残しています。そして個人年金は、「そもそも加入するかどうか」や「どの金融機関の商品にするか」といった選択の権利は消費者に委ねられていることから、**自助努力**の一手段だと位置付けられます。

わが国の年金制度の体系

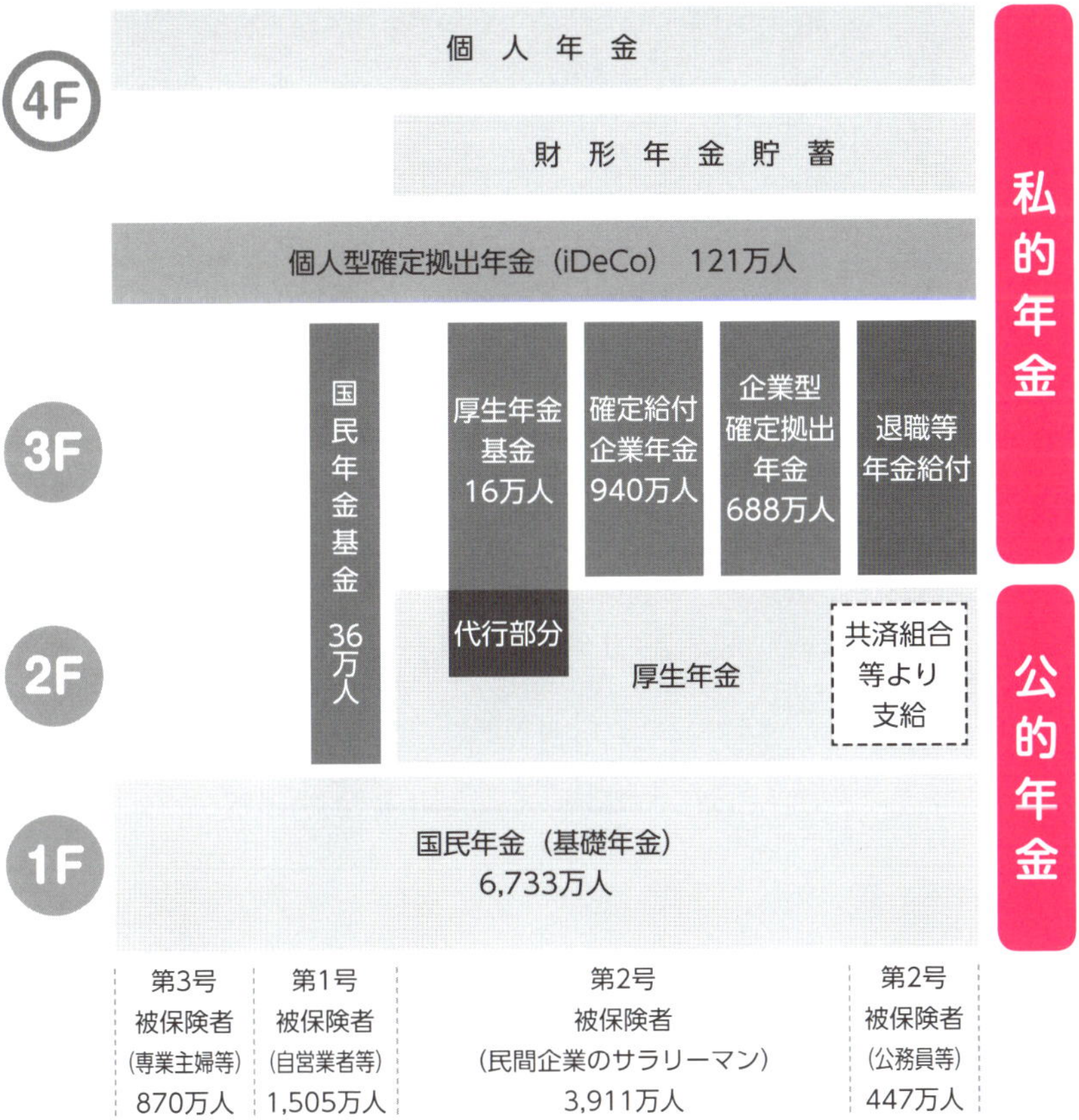

※公的年金は2018年3月末時点の数値、私的年金は2019年3月末時点の数値。

年金制度は、国民年金（基礎年金）、厚生年金、私的年金の3階建てが基本になっています。

備え2

公的年金を少しでも多くもらう工夫をしましょう

受け取り前の工夫
・国民年金への任意加入
・厚生年金のある会社に長く勤める

老後の生活を支える基本は年金です。「年金などあてにしなくてもお金はたっぷりある」という人は別として、そうでない人は、まず、老後の生活資金のベースとなる年金を、少しでも多くもらう工夫をするのが賢明です。

10ページでも説明したように、年金には公的年金と私的年金がありますが、ここで言う年金とは「公的年金」のこと。これを少しでも多く受け取る工夫として、ふたつの方法があります。

ひとつは、**国民年金への任意加入**です。

20歳から60歳までのすべての国民が加入する国民年金（基礎年金）ですが、自営業やフリーランスなどで働いてきた人の中には未加入の人も一定数存在します。あなたが該当者なら、今からでも、国民年金に加入しましょう。

老後が近づき、焦って個人年金など私的年金への加入を検討する人もいるかもしれません。しかし、その年代で同じ保険料を払うなら、税金が投入されており、かつ終身で受け取れる国民年金のほうが豊かな老後になるはずです。

国民年金の加入は原則として60歳まで。老齢基礎年金（国民年金や厚生年金などに加入して保険料を納めた人が受け取る年金）を受給するためには10年の加入期間が必要です。例えば、60歳までに保険料を5年分しか納付していない場合は、10年の資格期間は満たしません。しかし、60歳になるまでに、老齢基礎年金を受けるための資格期間の10年加入を満たすことができない人は、70歳までなら国民年金への任意加入ができることになっています。ですから、60歳以下であれば、新規加入しても間に合います。

また、国民年金は、20歳から60歳までの全期間40年間加入すると満額支給になります。国民年金に加入してきたものの、何らかの理由で40年に満たない人が、年金支給額を満額に近づけたい場合、65歳まで（昭和40年4月1日以降生まれの人は70歳まで）なら任意加入できることになっています。

年金を受け取る前にできる、年金額を多くする工夫として、もうひとつ挙げられるのは、**厚生年金のある会社に長く勤めること**です。

老齢厚生年金（厚生年金に加入していた人が受け取る年金）の受給額は、納めた保険料によって変わってきます。現役時代にたくさん稼いでいれば、それだけ保険料も多く支払っていることになりますが、その分、支給される年金額も大きくなります。

厚生年金のある会社に長く勤めるということは、支払う保険料を増やすことになりますから、当然、支給額も増えるということです。

長年勤めてきた会社に再雇用制度があるなら、それを利用するのも、ひとつの手といえます。

また、定年退職後に別の会社に就職するなら、厚生年金に加入していることを条件に、会社を探すのもいいでしょう。

受け取り始めの工夫

・繰下げ受給を検討する

国民年金（基礎年金）にしろ、厚生年金にしろ、老齢年金の支払は原則65歳から始まります。

しかし、この時点で経済的に余裕があるなら、**繰下げ受給**を検討してみましょう。繰下げ受給とは、65歳からの支払開始の時期を延長し、66歳以降70歳までの希望する年齢から老齢年金を受け取ることです。

繰下げ受給の最大のメリットは、**繰り下げれば繰り下げるほど、受給額が増えるということ**。66歳以降1か月遅らせるごとに0・7％アップし、上限の70歳まで繰り下げると、年金額は42％も増加します。例えば65歳なら月々10万円のところが、70歳まで繰り下げれば月々14万2００円になり、それが一生続く（終身）のですから、長い目で見ればかなりお得です。

もちろん、繰下げ受給のメリットを得るためには長生きする必要があります。「長生きをする自信がないから、月々の受給額は少なくても早めにもらっておこう」というのも、ひとつの考え方です。しかし、70歳で繰下げ受給を開始した場合、65歳で受け取り始める年金総額を上回るのは、81歳11か月のとき。つまり、それ以上長生きをする自信があるなら、繰下げ受給を検討しても損はありません。年金の繰下げ受給は長生きするほどお得になるのです。

また、繰下げ受給は、途中で方針を変更することもできます。例えば、70歳で受給することにしていたけれど、70歳になる前に健康不安などが出てきてしまったりして、「やっぱり年金をもらいたい」となった場合、65歳にさかのぼ

繰上げ受給・繰下げ受給の損益分岐年齢

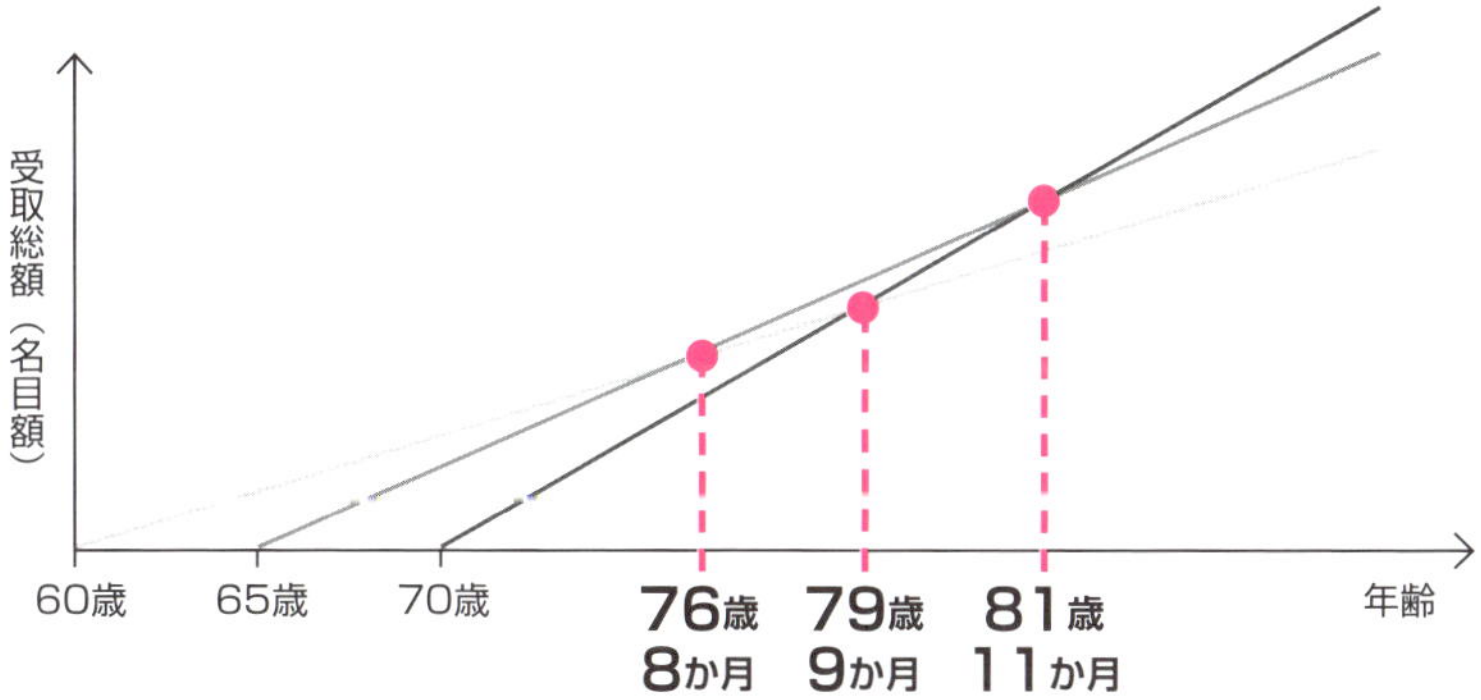

		繰上げ	繰下げ
厚生年金のモデル金額（月20万円）	名目額	76歳8か月	81歳11か月
	手取り額※	80歳9か月	83歳6か月
国民年金のモデル金額（月6.5万円）	名目額	76歳8か月	81歳11か月
	手取り額※	75歳8か月	80歳7か月

名目額ではなく、税・社会保険料を控除した「手取り額」でみると、年金額が小さくなるほど損益分岐は若くなる傾向にあります。

※手取り額は、2019年の東京都新宿区における住民税・社会保険料を基に算出。

り、本来受給するはずだった年金をまとめて受け取ることも選択できるのです。

ちなみに、年金には「繰上げ受給」もあります。本来65歳からもらえる年金を、希望すれば60歳から受給できるという制度です。繰上げ受給は、早い年齢から受け取れるというメリットはありますが、その分、減額の率も大きく、毎月の受給額はかなり少なくなります。

60歳で繰上げ受給した場合と65歳で受給した場合を、生涯受給額で比較してみると、受給総額が同じになるのは76歳8か月。これより長生きする場合は、繰上げ受給は損、ということになってしまいます。

コラム 2

公的年金の受給額はどうやって知るの？

A 「ねんきん定期便」や「ねんきんネット」を使う

実際の年金額はどれくらいが目安？

公的年金の給付水準については、毎年「モデル年金額」が公表されています。２０１９年度のモデル年金額は、老齢基礎年金で月６万５００８円、老齢厚生年金で月22万１５０４円となっています。

ただし、モデル年金月額は40年間加入することなどが前提であり、**対象となる人はごくわずか**だという指摘もあります。実際の給付状況をみると、２０１７年度の平均年金月額は、老齢基礎年金で月５万５６１５円、老齢厚生年金で月14万７０５１円となっています。

「ねんきん定期便」「ねんきんネット」で知る

公的年金の年金額の計算は、国民年金であれば保険料の納付実績、厚生年金保険であれば給与・賞与の額（標準報酬額）や勤続期間などの情報が必要です。しかし、定年間際まで働く人であれば、これらの情報はギリギリまで確定しません。また、公的年金は制度改正が行われるつどさまざまな経過措置が講じられるため、公的年金の正確な年金額の計算は、専門家でも一筋縄ではいきません。

とはいえ、現代に生きる私たちには、公的年金のおおよその金額を知ることができる、心強いツールがあります。それは、**ねんきん定期便**と**ねんきんネット**です。

「ねんきん定期便」は、国民年金・厚生年金保険に加入しているすべての国民に対し、誕生月（1日生まれの方は誕生月の前月）に年金額（または年金見込額）を毎年通知するサービスです。

通常ははがき形式のものが送付されますが、**35歳・45歳・59歳（節目年齢）のときは封書形式**のものが送付されます。

「ねんきんネット」は、自分の公的年金の加入履歴などをWeb上で閲覧することのできるサービスです。ユーザーIDを取得すれば、自宅のパソコンなどから年金記録を閲覧できるほか、在職・退職や繰上げ・繰下げなどの条件を設定した年金見込額の試算を行うこともできます。

それぞれの詳細は、日本年金機構のWebサイトを参照してください。

公的年金の年金額の目安

	老齢基礎年金	老齢厚生年金
モデル年金月額 ※（2019年度）	65,008円	221,504円
受給者の平均年金月額（2017年度）	55,615円	147,051円

※老齢基礎年金は、40年間加入し保険料を満額納めた場合の金額。老齢厚生年金は、夫が平均的収入（平均標準報酬〔賞与含む月額換算〕42.8万円）で40年間就業し、妻がその期間すべて専業主婦であった場合の金額。
出典：厚生労働省年金局「平成31年度の年金額改定について」
　　　厚生労働省年金局「厚生年金保険・国民年金事業年報」（2017年度）

ねんきん定期便（日本年金機構Webサイト）

https://www.nenkin.go.jp/faq/nteikibin/index.html

ねんきんネット（日本年金機構Webサイト）

https://www.nenkin.go.jp/n_net/index.html

備え3

50代からでも始められる制度を使いましょう

金融商品は「税制優遇の手厚い」ものからチェック!

近年、「公的年金だけでは心もとないから、自分でも老後に備えなければ!」と考える人が増えています。さっそくマネー雑誌を買いに走ったり、金融機関の相談窓口に出かけようとしたりしている気の早い人もいるかもしれません。

しかし、ちょっとお待ちください!

政府はここ数年、個人の金融資産を「貯蓄から投資へ」と誘導するために、さまざまな**資産形成手段を創設・拡充**しています。これらに共通しているのは、運用時の利益が非課税になるなど、税制上の優遇措置が手厚いということです。

金融商品を用いた資産形成を行うならば、当然ながら**税制優遇が手厚いものから選ぶのが賢明**です。

近年創設・拡充された制度には、個人型確定拠出年金(ｉＤｅＣｏ《イデコ》)、少額投資非課税制度(ＮＩＳＡ《ニーサ》)、つみたてＮＩＳＡなどがあります。また、伝統的な金融商品としては個人年金保険などがあります(詳しくは106~111ページを参照ください)。

20ページからは働き方によって異なる制度について、紹介していきます。

税制優遇のある資産形成手段の比較

		iDeCo（個人型確定拠出年金）	NISA	つみたてNISA	個人年金保険
対象者		公的年金の被保険者	20歳以上の国内居住者	20歳以上の国内居住者	―
保有口座数		1人1口座	1人1口座	1人1口座	制限なし
拠出可能額		年14.4万円～81.6万円（被保険者区分により異なる）	年120万円 累計600万円	年40万円 累計800万円	保険商品により異なる
運用商品	元本確保型	可能	不可	不可	変額個人年金保険では運用商品の指図が可能（保険商品により異なる）
	リスク性商品	可能	株式・株式投信など	一定の基準を満たした株式投信・ETFなど	
税制優遇	拠出時	全額小規模企業共済等掛金控除の対象	―	―	生命保険料控除または個人年金保険料控除の対象（年4万円まで）
	運用時	運用益非課税	運用益非課税	運用益非課税	運用益非課税
	受取時	雑所得課税または退職所得課税（公的年金等控除または退職所得控除の対象）	―	―	雑所得課税または一時所得課税
中途引出し・解約		不可	可能	可能	可能
金融機関の変更		可能	可能	可能	解約すれば可能

会社員・公務員

まずは勤務先にある制度をフル活用しよう！

あなたが会社員や公務員ならば、18～19ページで紹介した税制優遇の手厚い資産形成手段を利用するのもひとつの有効な選択肢ですが、その前に「会社員ならではの特権」、すなわち、**勤務先にある制度をフル活用**すべきです。

じつは、企業は従業員の福利厚生のために（あるいは取引上の都合により）、さまざまな制度・手段を提供しているのが一般的です。しかし残念なことに、大多数の会社員はそうした実態を知らないまま日々を過ごしています。同じ商取引であっても、対個人よりも対法人のほうが**価格やサービスの面で優遇される**傾向にあります。

したがって、会社員が老後対策をするならば、まずは、勤務先にどんな制度があるかをチェックすることから始めましょう（詳しい制度の内容は112～117ページを参照してください）。

勤務先にどのような制度があるかは、**総務・人事部門の担当者**にたずねるか、**社内規程**を確認することでわかります。制度を確認した結果、「勤務先に何も制度がない」「勤務先の制度だけでは不十分」であることが判明したならば、そこからiDeCoやNISAなど、先ほどご紹介したような他の手段の検討を始めましょう。

会社員がチェックすべき制度はコレだ！

退職金（退職一時金）
- 退職金規程
- 中小企業退職金共済
- 特定退職金共済　など

企業年金
- 確定給付企業年金
- 企業型確定拠出年金
- 厚生年金基金　など

会社が窓口となる制度･商品
- 財形年金貯蓄
- グループ保険、拠出型企業年金保険　など

労働組合が窓口となる制度・商品
- 年金共済　など

一般の金融商品
- 個人年金保険
- 投資信託
- 定期預金　など

自営業者・フリーランス

自営業者ならではの特権を活用しよう!

自営業・フリーランスの人は、公的年金は国民年金のみと手薄ですが、その代わり、国民年金に上乗せして**自助努力で老後に備えるための制度が数多く用意**されています。あわててマネー雑誌を買いに行く前に、まずは**どんな制度が利用できるかを確認**しましょう。

自営業・フリーランスのみが利用できる制度

自営業・フリーランスの人のみが利用できる代表的な年金制度には、**付加保険料（付加年金）**や**国民年金基金**などがあります。いずれも、国民年金の第1号被保険者のみが利用可能な制度です。

また、**小規模企業共済**は、小規模企業の経営者、個人事業主、フリーランスのための共済制度で、事業を廃業あるいは譲渡する際に共済金を退職金代わりに受け取ることができます。

業界団体等が窓口となって加入する制度

自営業者・フリーランスとして何らかの業界団体に所属しているなら、**当該業界団体を通して加入できる制度（商品）**があるかどうかを確認してみましょう。こうした制度は個人で契約するよりも手数料やサービスの面で優遇されている場合があります。

詳しい制度の内容については118～119ページを参照してください。

自営業者・フリーランスがチェックすべき制度はコレだ！

自営業者･フリーランスのみが利用できる制度

» 付加保険料（付加年金）
» 国民年金基金
» 小規模企業共済　など

税制優遇が手厚い制度

» 個人型確定拠出年金（iDeCo）
» NISA
» つみたてNISA　など

業界団体等が窓口となる制度･商品

» グループ保険（共済）　など

一般の金融商品

» 個人年金保険
» 投資信託
» 定期預金　など

コラム3

自営業者・会社員・公務員の公的年金の違いって？

A 職歴によって受け取れる額は変化する！

コラム1（10ページ）でも解説した通り、わが国の公的年金は国民年金（基礎年金）と厚生年金とに大きく分かれています。公的年金のしくみや年金額の計算方法に関する解説は他の専門書に譲るとして、ここでは、これから年金をもらう準備を始める人が最低限おさえておくべきポイントに絞って解説します。

年金額は「職歴」「加入期間」「給与の額」などによって決まる

原則20歳以上の日本国民は、公的年金制度への加入が義務付けられています。自営業者、学生、フリーターなどであれば国民年金に、会社員、公務員などであれば厚生年金にそれぞれ加入します。厚生年金に加入している人（被保険者）は、同時に国民年金の被保険者にもなります。公務員などには、かつて「共済年金」という独自の公的年金制度がありました。しかし、2015年10月に共済年金が厚生年金と統合（一元化）したため、現在は公務員なども厚生年金の加入対象となります。

公的年金の年金額は、国民年金では「保険料を納めた期間」、厚生年金では「企業に勤めていた期間」と「給与・賞与の額」に応じて決まります。また、厚生年金の加入者は同時に国民年金の加入者（第2号被保険者）でもあるため、

職歴によって異なる公的年金（イメージ図）

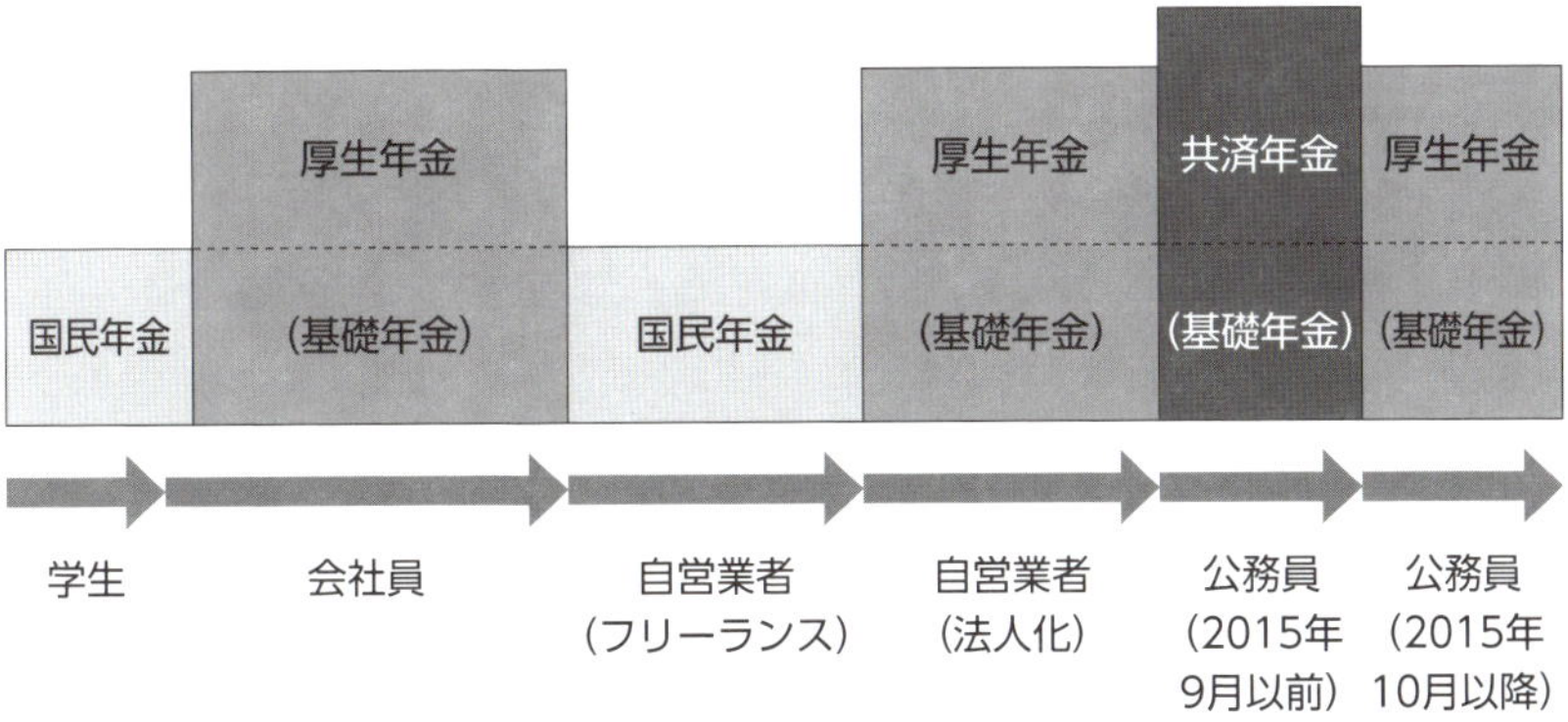

老齢年金の給付

〈国民年金にのみ加入していた場合〉

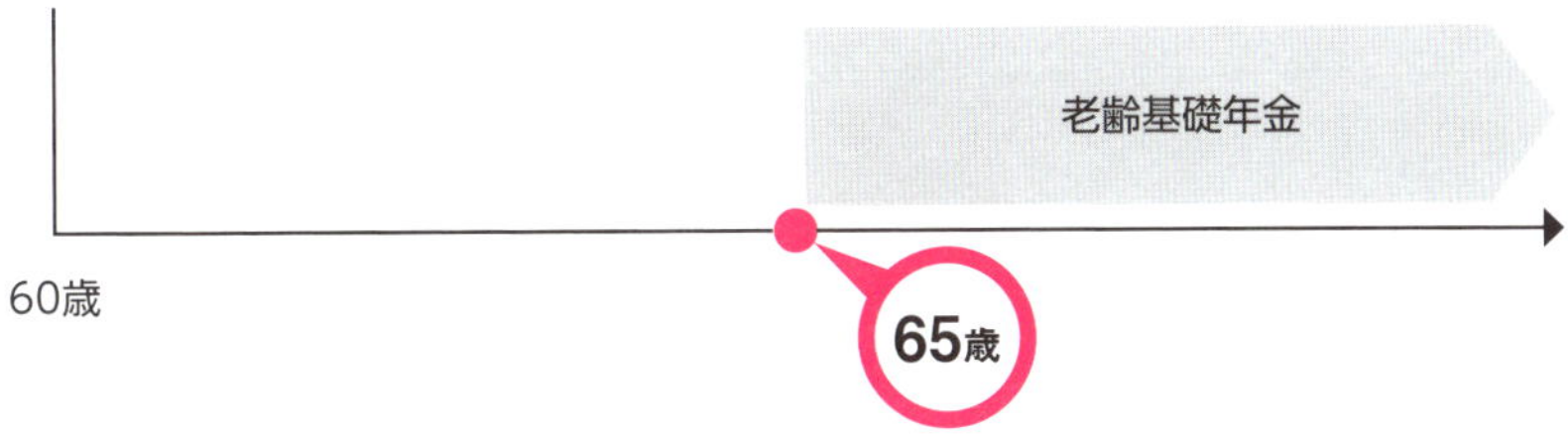

〈厚生年金保険にも加入していた場合〉

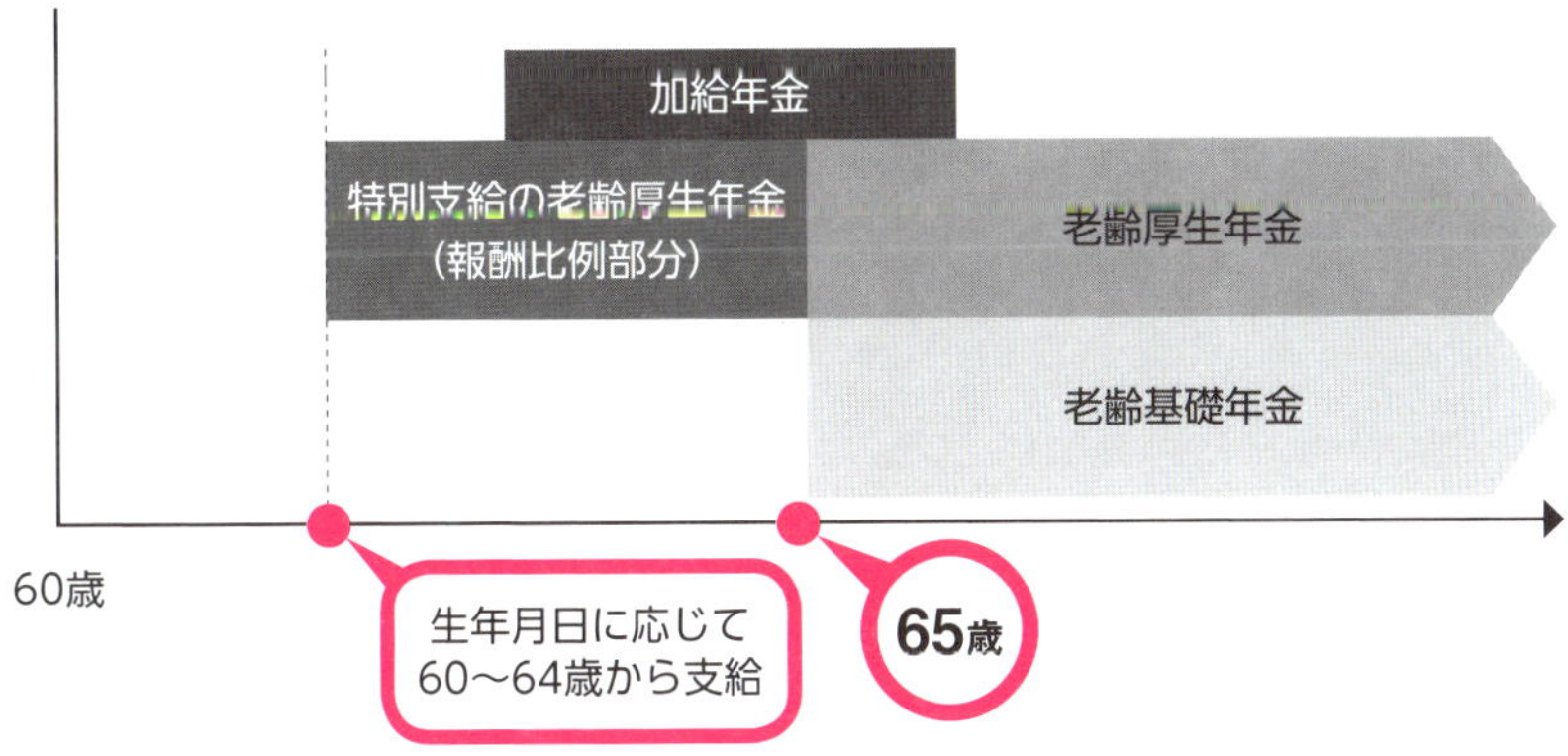

会社員・公務員として勤めていた期間は、厚生年金に加えて国民年金（基礎年金）も受給することができます。

受給開始は原則「65歳」から……例外もあり

公的年金は、原則65歳から受給開始されます。ただし、65歳になったら自動的に年金が支払われるわけではなく、請求手続きを行う必要があります。

国民年金のみに加入していた場合は老齢基礎年金が、厚生年金（または共済年金）にも加入していた場合は老齢基礎年金に加えて老齢厚生年金（または退職共済年金）が支給されます。

また、老齢基礎年金および老齢厚生年金では、「繰上げ受給」または「繰下げ受給」を選択することにより、受給開始年齢を60歳～70歳の間で自由に選択することができます（詳しくは14～15ページ参照）。

例外として、一定の要件を満たす厚生年金の被保険者は、60代前半から「特別支給の老齢厚生年金」を受給することができます。受給対象となる方および受給開始年齢は、図表の通り生年月日によりそれぞれ異なります。

自営業者と会社員、公的年金ではどっちが有利？

既述の通り、会社員と公務員は1階部分（基礎年金）と2階部分（厚生年金）の両方を受け取れるのに対し、自営業者は1階部分（国民年金）のみになっています。そのため、公的年金に関しては自営業者よりも会社員・公務員のほうが手厚いと言えます。

その代わり、国は自営業者が国民年金に上乗せして老後に備えるための制度を数々用意しています（22～23ページ参照）。

公的年金の受給開始年齢

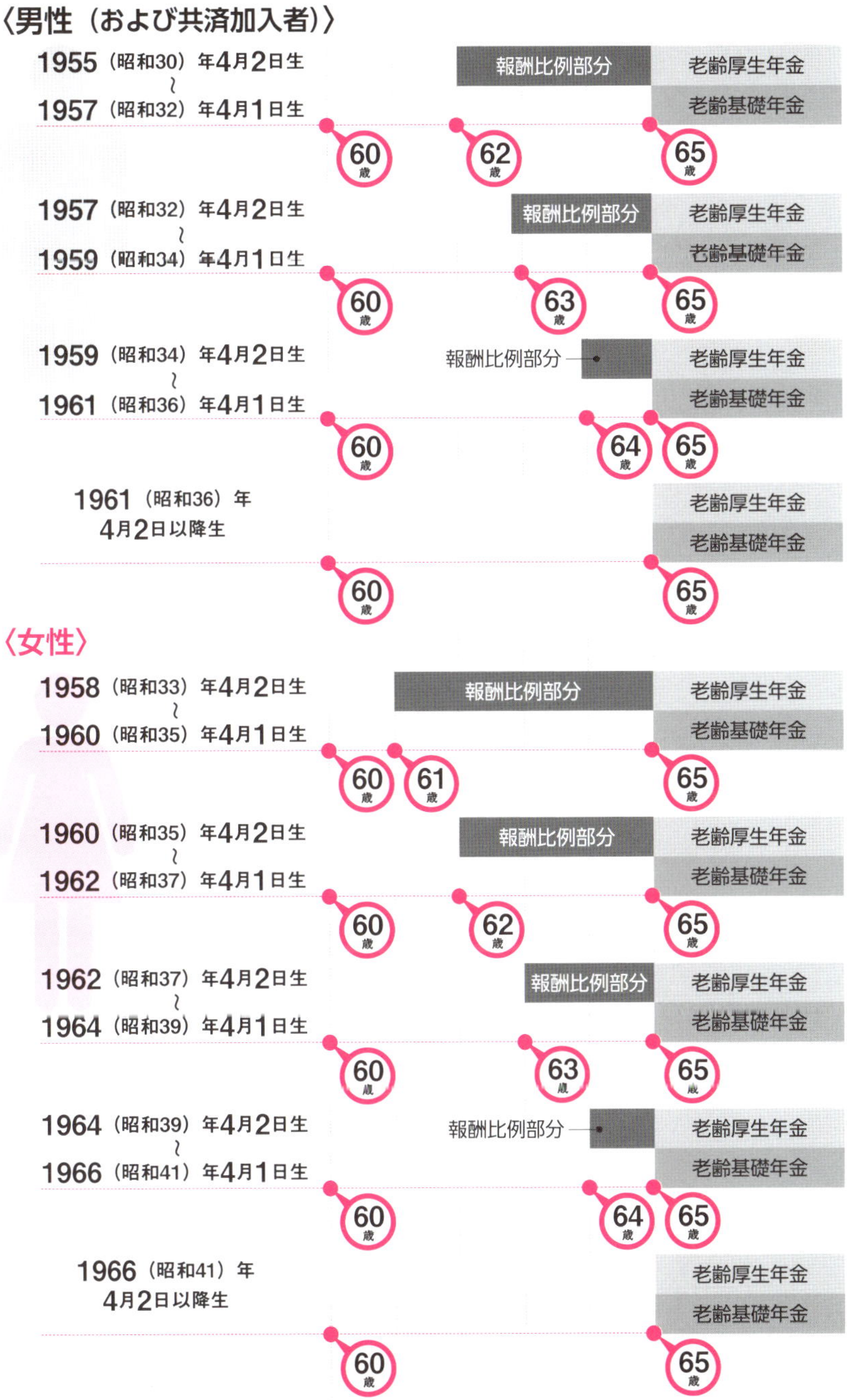

備え4

50代、じつは〝貯めどき〟なんです！

人生には、お金の大きな〝貯めどき〟が3度巡ってきます。

最初は、社会に出てから結婚するまでの独身時代。基本的に稼いだお金はすべて自分のために使うことができますから、本気になれば、それなりに貯めることが可能です。

次の〝貯めどき〟は、結婚してから子供ができるまでの間。共働きなら、2倍とはいかないまでも、世帯収入は大きく増えることになります。どちらかの収入はなかったものとして、すべて貯蓄に回すくらいのつもりで頑張れば、子供ができてからの生活にゆとりが持てます。

そして、**人生最後の〝貯めどき〟が50代**。定年までカウントダウン……などと黄昏《たそがれ》ている場合ではありません。50代はそれなりの収入がありますよ。子供も独立しているために教育費から解放されている人も多く、住宅ローンを払い終えている人も少なくない世代ですから、経済的に余裕があります。

50代がじつは〝貯めどき〟なのは、こうした理由から。余裕があると贅沢をしたくなるのもわかりますが、ほどほどに。

ここで貯めておかないと、老後にしわ寄せが来ることを心し、「人生最後の貯めどき」と自分自身に言い聞かせ、来るべき老後に備えて、ガツンと貯めてください。子供の教育費を支払い終えているなら、その分を、最初からなかったものとして貯蓄に回してもいいでしょう。

50代夫婦の生活費、現実と理想的な数字

〈現実〉

支出（1か月）	住居	¥17,500
	食料	¥78,200
	光熱・水道	¥22,900
	家具・家事用品	¥12,000
	被服および履き物	¥14,200
	保険医療	¥12,600
	交通・通信	¥56,800
	教育	¥26,500
	教養娯楽	¥30,600
	その他	¥86,500
	合計	¥357,800

出典：公益財団法人 生命保険文化センター調べ 50代2人以上の勤労者世帯の消費支出

本来はたくさんお金を貯めておきたい50代。貯蓄は手取り収入の3割以上を目指しましょう。理想的な家計と、実際の統計からみえてくるリアルな家計を比較してみます。あなたの家計も見比べて、どんなところに無駄があるか、確認してみましょう。現実と理想の差額は月およそ9万円。年間およそ108万円違いになります。5年間ではなんと540万円！

〈理想〉

支出（1か月）	住居	¥17,500
	食料	¥60,000
	光熱・水道	¥20,000
	家具・家事用品	¥12,000
	被服および履き物	¥14,200
	保険医療	¥12,600
	交通・通信	¥35,000
	教育	¥26,500
	教養娯楽	¥20,000
	その他	¥50,000
	合計	¥267,800

丸山試算

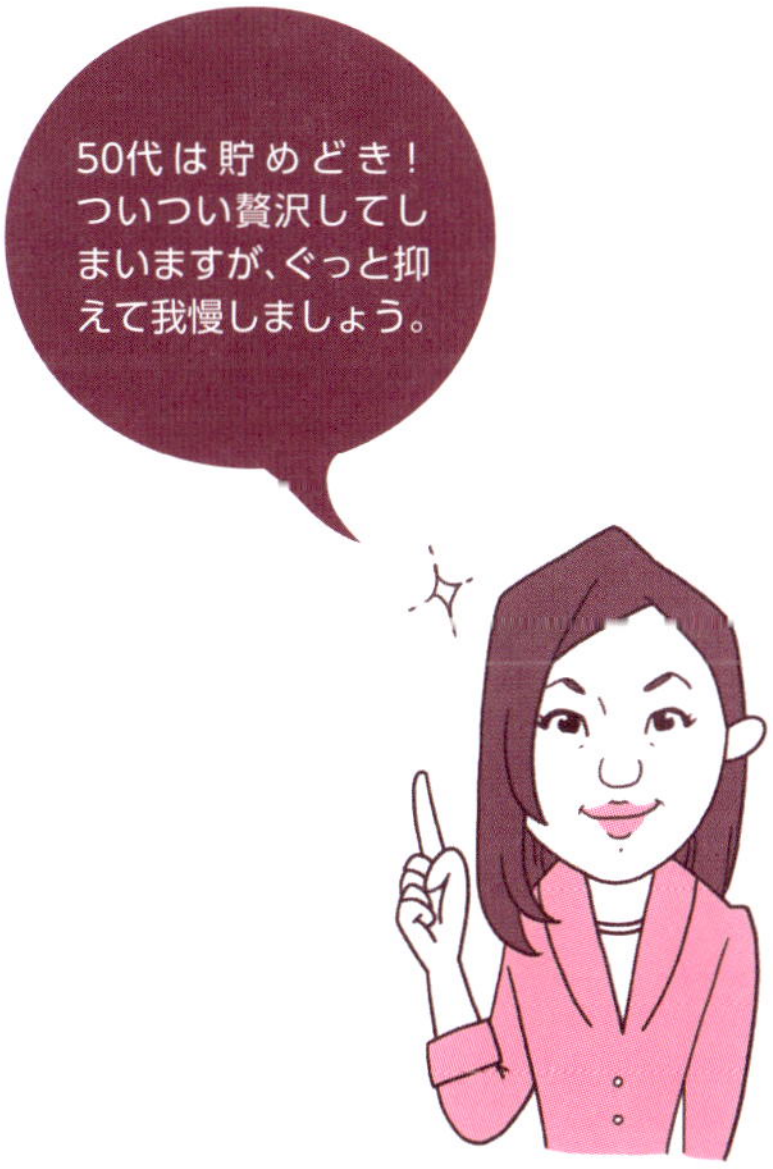
50代は貯めどき！ついつい贅沢してしまいますが、ぐっと抑えて我慢しましょう。

コラム 4

公的年金っていずれ破綻するんでしょ？ えっ違うの⁉

A 「所得代替率」は下がるが「年金額」はほぼ横ばい

信用されていないが頼りにされている公的年金⁉

公的年金は、マスメディアや一部の学者を中心に「少子高齢化で制度がもたない」だの「いずれ破綻する」だの批判が絶えないこともあり、私たちも「詳しくはわからないけど偉い先生や評論家がそう言ってるんだし……」とつい公的年金は破綻するものだと思い込みがちです。

そのせいか、とある調査（※）では国民の79・2％が「老後生活について心配している」と回答しています。しかし、その割には、老後の生活資金源に「公的年金」を掲げる人が79・6％（60歳以上の世帯ではじつに89・0％）にも及ぶなど、多くの国民から不信感を持たれつつ期待もされているという複雑な立場にあります。

さて、実際のところはどうなのでしょうか？

（※）金融広報中央委員会「家計の金融行動に関する世論調査［二人以上世帯調査］」（2018年）

公的年金は破綻しない

結論から言いますと、**公的年金は破綻しません。**

政治的に破綻させられない（そんな決断をする政治家はおそらく皆無）というのもありますが、公的年金制度では、社会・経済の不確実な変化に対応するべく、**5年に1度の財政検証**で定期

公的年金の所得代替率の将来推移

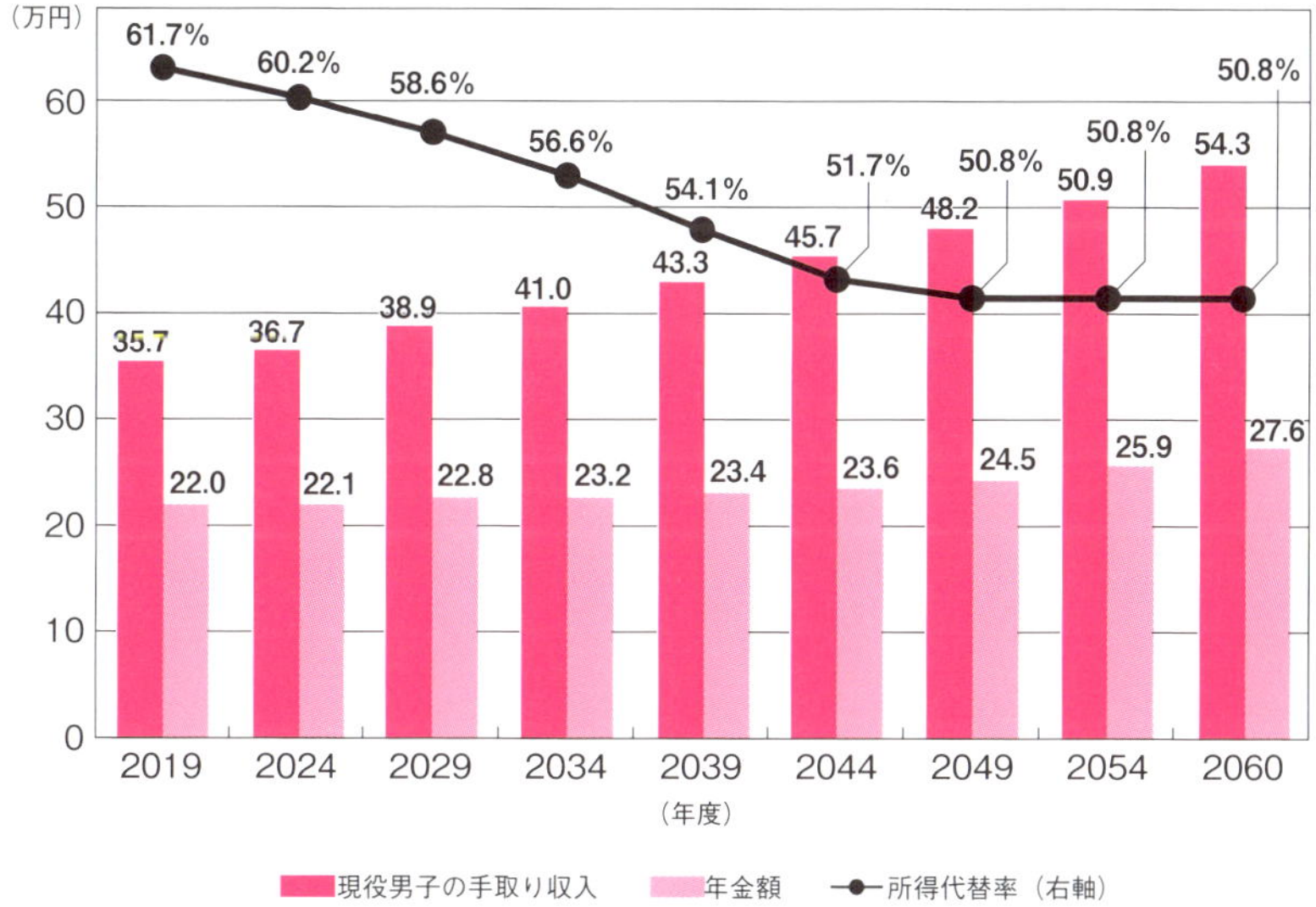

出典：2019（令和元）年財政検証結果〈経済ケースⅢ、人口：中位〉

的に財政状況を見ながら制度改正を行うことがルール化されています。2004年には、**マクロ経済スライド**といって、経済状況（賃金上昇率）や人口動態（労働力人口・平均余命）に応じて年金額を自動的に変動させるしくみが設けられています。

2019年8月に公表された最新の財政検証結果では、所得代替率（現役時代の手取り収入に対する年金額の割合）が現在の61・7%から2040年代半ばには約50%まで下がると示されたことから、「将来の年金は2割目減りする」などと報道されました。

しかし、所得代替率が下がるのは、現役世代の手取り収入の伸びが年金額の伸びを上回るためであり、**年金額は現在の水準（約22万円）からほぼ横ばいで推移**することが見込まれています。

私たちが自身のライフプラン等を考える場合は、所得代替率よりも年金額の水準に着目した方が有効です。

公的年金の最大の機能は「終身年金」

ここまでを読んで、「手取り収入ほどには年金額の伸びが期待できないんだったら破綻と同じじゃないか！」と思っている人もいるかもしれません。

しかし、公的年金には、将来的な金額の目減りを覆すだけのスゴい機能があるのです。それは、**終身年金**すなわち**一度受け取り始めたら、死ぬまで受け取り続けることができる**という機能です。

「終身年金なんて、保険会社でも売っているじゃないか！」と思う人もいるかもしれませんが、じつは、**終身年金をやるなら公的年金が効率的**だということを知っていますか？　公的年金の最大の強みは、全国民をまとめて強制加入させるので、一部の層（長生きする自信のある層）だけがこぞって加入する民間の終身保険よりも効率的（同じ年金額なら保険料が低い、同じ保険料なら年金額が高い）なのです。

老後の生活設計において終身年金が重要なのは、**人間いつ死ぬかわからない**からです。その意味では、公的年金は老後のための「貯蓄」ではなく、**いつまで生きるかわからないリスクに備えるための「保険」**なのです。保険だからこそ、集団（＝全国民）で長生きリスクに備えることができるのであって、これは貯蓄だけでは到底対応できるものではありません。

第2章

老後に備える3つの方法

はじめにポイント

老後のお金のつくり方は、たった3つ!!

年金だけでは暮らしていけない!?

老後に備える手立てはたった3つしかありません。こう言うと選択肢が少なくて不安になる人もいるかもしれませんが、恐るるに足らず。

年金だけでは暮らしていけない場合でも、3つのうちのいずれか、あるいは、2つ、3つを実行に移せば、暮らしていけるということ。

とてもシンプルですから、誰だってアクションを起こすことができるというわけです。

年金だけでは足りないときの考え方として、ひとつは、**収入を増やす**があります。

そのためには、**自分で働いて報酬を得る**か、株や投資信託などで**お金に働いてもらう**方法が考えられます。

年金だけでは足りないときのもうひとつの考え方として**出費を減らす**ことも挙げられます。**生活をサイズダウンするなどして出ていくお金を減らす**ことを考えるのです。これもまたお金をつくる方法のひとつと言えます。

つまり、老後のお金のつくり方は、**①自分で働く**、**②お金に働いてもらう**、**③生活をサイズダウンする**の、たったの3つ。

どれかひとつを実行に移すだけでも、老後の生活にゆとりができるはずですが、3つを同時に行えば最強！　あなたの老後は光り輝くことでしょう。36ページ以降で、それぞれの方法について詳しく説明していきます。

Case 1
自分で働く

老後のためのお金をつくる方法として、もっともシンプルでわかりやすいのは、**自分で働く**ということです。

野生の動物は、「エサが取れなくなる＝死」ですから、その意味では生涯現役です。残念ながら人間は、なかなかそうはいきませんが、少しでも現役でいる期間を延ばすことにより、野生を取り戻してみましょう。

現役時代が長ければ、それだけ収入も増えますから生活にゆとりができます。また、働くことは生きがいにもつながりますから、心身ともに若々しくいられたりもします。

長年勤めた会社を60歳で定年退職したとしても、その後の人生は長いのです。今の60歳は気力、体力ともにまだまだ現役！　です。

定年退職後は悠々自適、のんびり遊んで暮らそうと思っていた人もいるでしょうが、もう少し現役期間を延ばすことを考えてみませんか。

シニア世代の働き方にもいろいろあります。具体的には38ページ以降で解説しますが、自分に合った働き方を見つければ、毎日が楽しく、経済面でもゆとりができるため、充実した日々を過ごすことができるのではないでしょうか。

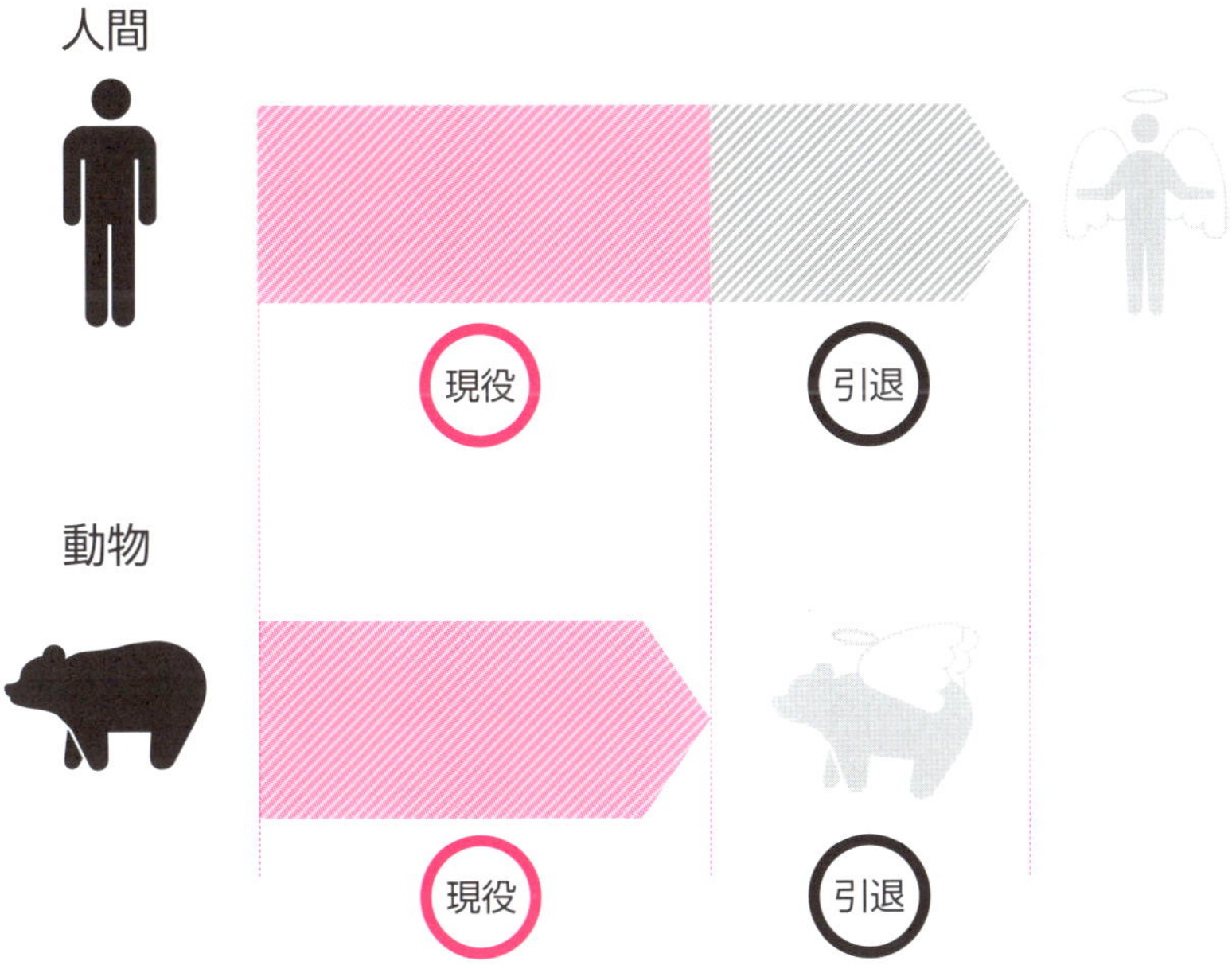
人間
現役
引退
動物
現役
引退

野生の動物は、「自分でエサを取れなくなったとき＝死」ですからその意味では生涯現役です。私たちも、野生を取り戻すべく、少しでも現役時代を延ばしましょう。

自分で働く

定年退職後も働く方法は？

定年退職後も働く方法として、まず考えられるのは、**再雇用制度の利用**です。それまで勤めた会社に制度があれば、利用の検討を。

13ページで「厚生年金のある会社に長く勤める」ことをおすすめしましたが、それまで勤めていた会社が厚生年金に加入していたのであれば、その意味でも、再雇用制度の利用にはメリットが。勝手がわかっている分、働きやすいはずです。ただ、かつての部下に使われたり、責任ある仕事を任せてもらえなくなったりするなどのデメリットもあります。

自分が持っているスキルを活かしたいなら、**再就職（転職）**をするのも、ひとつの手。自分のやりたいことや条件をすり合わせて会社を選び、希望のところに採用されれば、場合によっては、現役時代と同等の収入も期待できます。ただ、人間関係などを一から構築しなければならないというデメリットがあります。

また、昨今では、コンビニやファストフード店など、かつてはアルバイトの若者しかいなかった職場でも、シニアを積極採用しています。このような場所で**アルバイト**をするのも、ひとつの働き方。収入はそれほど期待できないかもしれません。しかし、こうした職場はシフト制だったりしますから、比較的、自分の時間を優先して働くことができるはずです。

このほかにも、定年退職後に働く方法として、**フリーランス**や**起業**などもあります。

再雇用

メリット

安定している、厚生年金の金額が増える

デメリット

今までと立場が変わってしまう

これまで勤めていた会社に再雇用制度があれば、定年後も再雇用を受けて働くことができます。それまでと同じような環境で働くことができる一方、給与体系や立場は変わってしまうので、働きにくくなってしまうケースもあります。

転職

メリット

スキルが活かせる、しがらみがない、条件を合わせられる

デメリット

人間関係を新しくつくらなければならない

定年前までのスキルを活かして、より長く働くことのできるところへ転職するというのも手です。転職にあたり条件をすり合わせられれば、金銭面などではメリットがあります。ただ、新しい環境に飛び込む必要があります。

フリーランス

メリット
自由、気楽に働くことができる

デメリット
不安定、厚生年金の金額は増えない

これまでのスキルを活かしてフリーランスで働くという方法もあります。会社勤めに比べるとかなり自由が利くというメリットがあります。ただ、後ろ盾を失い自分の力だけで挑戦する必要があり、不安定ではあります。

起業

メリット
一国一城の主になれる

デメリット
リスクをすべて被らなければならない、責任が大きい

スキルや人脈をうまく活かせば、起業という道も考えられます。一国一城の主として自分の得意分野で活躍するのに、年齢は関係ありません。しかし、他の社員の生活もかかってくるため、責任はかなり重くなります。

アルバイト／シルバー人材

メリット
自由にシフトが組める

デメリット
時給制なので収入が安定しない

定年退職後はそんなにしっかり働きたくないという人には、アルバイトやシルバー人材センターで働くこともおすすめです。シフト制なので自由に働くことができますが、その一方で収入は安定しません。

自分で働く

雇用保険と在職老齢年金の関係

雇用保険（失業保険）の給付金（正式名称は失業等給付）は、職を失った人が再就職をするまでのサポートです。定年退職といえども失業にかわりはないため、**64歳まであれば失業等給付を受け取る権利があります**。ただし、原則65歳以上の退職ではもらうことができません。

では、64歳で退職したほうが得になるかというと、必ずしもそうではありません。64歳で退職した場合と65歳で退職した場合の、会社からの退職金はいくらなのかを調べたうえで、実入りのいい年齢で辞めるのが得策でしょう。

ちなみに、失業等給付と老齢厚生年金は同時に受給することができません。ハローワークで求職の申し込みをすると、自動的に年金の支給は停止になります。

また、定年退職したあとも会社で働く場合、働きながら年金を受け取ることができます。しかし、年金は、在職老齢年金となり、一定以上の給与があると減額になります（ただし、パートやアルバイトなどで厚生年金への加入が認められていない場合は年金は全額受給できます）。

例えば60代前半の場合だと、「年金＋働いて得た所得」が月額28万円を超えると減額が始まります。とはいえ、年金の減額を免れようと、働いて得る収入を抑えるよりは、どんどん働いて収入を増やすほうが得策。年金を減らされたとしても、トータルで見ると収入は増えますから、生活にゆとりが出ます。

Case 2

お金を働かせる

かつては自分が働いて得たお金は、銀行などの口座に入れて休ませておけば、勝手に増えてくれました。

しかし、普通預金の一般的な金利が0・001%という超低金利時代の昨今、そうはいきません。100万円を1年間預けたとしても、利息はたったの10円（税引前）……。

こんなご時世ですから、お金にもしっかり働いてもらいましょう。

「お金を働かせる」とは、**資産運用**のこと。株、債券、投資信託、外貨預金などに投資するのが、それに当たります。また、自分の土地にマンションを建てたり、駐車場にしたりして土地を活用することも、資産運用です。また、18ページで紹介した税制優遇の手厚い制度をあわせて活用しましょう。いずれにせよ、これからの時代は、自分自身も働きつつ、お金にも働いてもらうことが重要です。

ただし、投資にはリスクがついてまわります。これから投資を始める人は、44ページの注意事項をよく読んでからにしてください。

投資にはどんなものがあるの？

株

メリット
株主優待や配当金がある、企業の経営に参加できる

デメリット
初期投資額が高い、初心者にはハードルが高い

投資といえば思い浮かべる方が多いのが株。株価は企業業績や政治、経済などに左右されるのでしっかりと学ぶ必要があります。

金《きん》

メリット
価値の大きな下落が起こらない、世界中で価値が共通

デメリット
利息や配当を生まない

金は株などと違って無価値になることがないため、資産を守りながら投資したい人に向いています。

不動産

メリット
入居者がいれば毎月定期収入が見込める

デメリット
空室や、事故、天災などのリスクがある

他の投資に比べて、ミドルリスクミドルリターンと言われる不動産投資。安定的に家賃収入を得られるのは心強いです。

投資信託

メリット
少額から投資できる、プロに任せられる

デメリット
コストがかかる、元本保証ではない

初心者におすすめなのが投資信託。複数の金融商品に投資するのでリスク分散にもなります。

外貨投資

メリット
金利が高め、為替変動で利益を得られる

デメリット
為替手数料がかかる、世界情勢などに左右される

どの国の通貨に投資するか選ぶ際は、国の情報を集めやすいところがおすすめです。

お金を働かせる

初めて投資するときに気を付けたいこと

未経験の人にとって、投資は「なんだか難しそう」「損をしそう」などと思うとハードルが高くなりがちです。しかし、既述したように、このご時世、老後の暮らしにゆとりを持たせるためにも、ぜひ投資にトライしたいものです。

きちんと基本を守れば、投資も、それほど怖いものではありません。

長期・分散・積立――。投資のリスクを軽減するには、この3つのポイントを守ることが大切になってきます。

一攫千金を狙う大勝負に出るのではなく、基本は、長い期間をかけてコツコツと積み立てていくことです。分散というのは、例えば、外貨預金なら通貨の分散、国債なら国の分散、株なら業種の分散……というように、「これだけ！」とひとつにかけるのではなく、少しずつ分けて投資しようということです。分散しておけば、たとえひとつがダメになったとしても、ほかでカバーできるのです。

投資にチャレンジする際は、騙されないように注意も必要です。下手に欲をかいてしまうと騙される可能性が高くなります。甘い投資話に乗せられて退職金がすべて消えてしまった……などということにならないよう、くれぐれも注意してください。

また、よくわからないと思うことがあれば、金融機関なり、投資先なりにしっかり質問を。そして、よく納得したうえで投資しましょう。

ポイントは3つ！

長期

短期間で利益を求めると、損をしてしまうことが多いのが投資。ある程度長い期間、じっくりと腰を据えて取り組むことが大切です。

積立

毎月決まった額を積み立てるような方法で投資をするのもおすすめ。初めから大きな金額で投資をスタートするよりもリスクが軽減されます。

分散

投資をする際は1か所にすべてをかけるのではなく、いくつかタイプの違う投資先に分散して投資しましょう。リスク分散になります。

うまい話には乗らないで!!

初心者は特に、投資詐欺に注意。うまい話には乗らないようにしましょう。

お金を働かせる

“ロボ投資”って何？

「ロボ投資」とは、投資運用アルゴリズムに基づいたプログラミングで投資運用する投資のこと。このサービスは**ロボアドバイザー**と呼ばれ、今、にわかに注目を集めています。

従来の投資スタイルは、いろいろな指標を見ながら、銘柄選びや売買のタイミングを投資家自身が決めていました。それだけに、「難しい」「とっつきにくい」と思われ、なかなか一歩を踏み出せない人が少なくありませんでした。

その意味で、**投資家の代わりにロボットが自動的に投資運用してくれる**ロボアドバイザーは、これまでの投資への関わり方を大きく変える画期的な投資運用サービスと言えます。

投資の勉強を一から始めるのは無理、何から始めていいのかわからない……。そんな投資初心者は、ロボ投資から始めてみてはいかがでしょうか。

ロボ投資をするロボアドバイザーは、事前にいくつかの質問に答えるだけで、投資家のリスク許容度に合わせ、最適な資産配分を提案し、自動的に資産を運用してくれます。

このロボアドバイザーには、**アドバイス（助言）型**と**投資一任型**の2種類があります。前者は、資産運用の最適な配分を助言してくれるもので、実際の運用は投資家自身が行います。一方、後者は、投資における実際の発注や運用、運用途中での資産配分の変更など、実践面までをも担ってくれるものです。

投資初心者におすすめしたいのは、後者の投資一任型。アドバイス型の利用が無料なのに対し、こちらの利用には手数料（預け資産の年1%前後、100万円を預けるとしたら手数料は1万円程度）がかかりますが、投資のすべてを担ってくれるため、投資初心者でも気軽に始められます。

いずれにしても、ロボ投資を始めるには、まず、サービス提供会社を決めなくてはなりません。提供している会社はいくつもありますから、それぞれの特徴を調べたうえで、自分に合ったところを選びましょう。

会社を決めたらパソコンやスマホのアプリでログイン。運用金額を設定し、その会社と「投資一任契約」を結べば、あとは、ロボアドバイザーが資産運用に必要な作業をすべて行ってくれます。

こんなところでできます!!

楽ラップ

運営会社：楽天証券株式会社

最低投資額：**10**万円

楽天グループのロボテック投資。楽天ポイントで投資できたりと楽天ユ　ザにおすすめです。

Point

- 楽天ユーザーにおすすめ
- 下落ショック軽減機能がついている

THEO

運営会社：株式会社お金のデザイン

最低投資額：**1**万円

高機能なロボアドバイザー、THEO。1万円と、少額から始めることができます。

Point

- 1万円から投資ができる
- 高レベルの投資を行ってくれる

WealthNavi

運営会社：ウェルスナビ株式会社

最低投資額：**1**万円※、**10**万円

ロボアドバイザーでもっとも人気のWealthNavi。長期・分散・積立投資が効率よく自動化できます。

※WealthNavi for ネオモバの場合

Point

- コストの透明性がある
- 迷ったらまずはWealthNaviがおすすめ

お金を働かせる

株主優待&配当で楽しむ

株式投資は、「お金を働かせる＝投資」の代表格。特定の会社の株を買い、買ったときより値段が上がったところで売って儲けを得る（値上がり益を狙う）のが基本的な運用方法です。

ただ、買う株の銘柄を選ぶのも、売買のタイミングを決めるのも、会社の業績、景気、世界経済の動きなどを読んで総合的に判断しなければならないため、容易ではありません。

そこで、株式投資初心者におすすめしたいのが、**配当**や**株主優待制度**に目を向けてみることです。

会社が利益を出したとき、株主に利益を還元するのが配当。これに着目して安定した配当を出す銘柄を選べば、定期的な収入が期待できます。東証一部上場の日本の代表的な銘柄の平均的配当利回りは2％弱で、銀行の1年定期の209倍！　配当金の利回りが3〜4％台という銘柄も少なくありません。

一方、「隠れた配当」とも呼ばれる株主優待制度に着目して銘柄を選ぶという方法も。

株主優待制度とは、企業が知名度アップや安定株主確保のために、自社商品や食品、外食、旅行、買い物などの割引券や優待券を株主に提供する制度のこと。自分が惹かれる優待がある会社の株式を買うと、〝もらえる嬉しさ〟を味わえ、株を保有するのが楽しくなってきます。

株主優待のある企業や株主優待の内容は、証券会社のサイトなどで確認できます。

1 株式会社ベネフィット・ワン（証券コード：2412）

優待条件 100株以上

内　容
100株以上800株未満
ベネフィット・ステーション株主様コースA
800株以上
ベネフィット・ステーション株主様コースB

複合レジャー大手。ボウリング、ゲーム、カラオケ、時間制スポーツを関西、関東など全国で展開している企業です。AコースとBコースでは、提供しているサービスメニューの提携施設数や会員特典（料金）に違いがあります。

（https://corp.benefit-one.co.jp/ir/irinfo/incentives/）

2 株式会社アトム（証券コード：7412）

優待条件 100株以上

内　容
優待ポイント（1ポイント1円に充当）を配布。
100株以上：2,000ポイント（2,000円分）
500株以上：10,000ポイント（10,000円分）
1,000株以上：20,000ポイント（20,000円分）

居酒屋、ステーキ、回転ずし中心の外食チェーン。名古屋を軸に東日本にも展開。コロワイドの傘下企業。ポイントは、株式会社アトムをはじめとする、コロワイドグループ店舗、カッパ・クリエイトの対象店舗で利用できます。また、希望者は優待ポイントを、各種ギフト商品と交換することもできます。

（https://www.atom-corp.co.jp/corpo/ir/stockholder.html）

3 ANAホールディングス株式会社（証券コード：9202）

優待条件　100株以上

内　容　①株主優待番号ご案内書
ANA国内線の片道1区間が「株主優待割引運賃」で利用できます。100株以上：1枚、200株以上：2枚、300株以上：3枚、400株以上：4枚 ＋ 400株超過分200株ごとに1枚、1,000株以上：7枚 ＋ 1,000株超過分400株ごとに1枚　など
②ANAグループ各社・提携ホテル優待券
100株以上：1冊

国内線、国際線ともに首位。傘下にLCCのバニラ・エアとピーチがある。海外就航地を積極拡大中。株主優待番号の販売座席数には限りがあり、有効期間もあります。

（https://www.ana.co.jp/group/investors/personal/shareholder_return/）

4 東京テアトル株式会社（証券コード：9633）

優待条件　100株以上

内　容　映画招待券（株主氏名記載）
100株以上：4枚、200株以上：8枚、
300株以上：12枚、400株以上：16枚、
500株以上：20枚、1,000株以上：32枚　など

主力は賃貸、リフォーム等の不動産事業。映画配給・興行、飲食店も。銀座旗艦ビルは2013年に売却。招待券は1枚で1名1回無料、有効期限ありです。また、3D上映などの通常上映以外の上映は差額の負担が必要になります。株主本人および株主の家族（法人株主の場合はその役職員）と、その同伴者が利用できます。

（https://www.theatres.co.jp/investor/complimentary/about_system.html）

5 株式会社極楽湯ホールディングス（証券コード：2340）

優待条件 100株以上

内　容 極楽湯グループ各店で利用できる「無料入浴券」

		1年以上	2年以上
100株以上	株主名簿への記録*	連続3回：4枚	連続5回以上：5枚
300株以上	株主名簿への記録*	連続3回：6枚	連続5回以上：7枚
500株以上	株主名簿への記録*	連続3回：10枚	連続5回以上：11枚
5,000株以上	株主名簿への記録*	連続3回：20枚	連続5回以上：21枚

＊毎年3月末及び9月末の株主名簿に、同一株主番号で記録された株主

「極楽湯」ブランドのスーパー銭湯を直営、ＦＣで全国展開。店舗数で業界首位。中国にも進出。「極楽湯」「RAKU SPA Cafe」(直営全店・一部FC店)、は1名につき1枚必要。「RAKU SPA」「RAKU SPA GARDEN」および海外直営店舗は1名につき2枚必要。

（https://www.gokurakuyu-holdings.co.jp/ir/shareholders.html）

6 株式会社ピエトロ（証券コード：2818）

優待条件 100株以上

内　容
(1)自社商品を年1回贈呈＜3月末株主様＞
100株以上：1,000円相当、300株以上：3,000円相当(限定商品等も一部含む)※6月中に送付
(2)通信販売にて、自社商品セットを株主様優待価格で年2回購入可能＜3月末、9月末株主＞
100株以上：約10％割引

野菜用ドレッシングが収益柱。中・高級品に強い。国内外にイタリアンレストランも展開しています。

(https://www.pietro.co.jp/company/ir/shareholders/)

Case 3

生活をサイズダウンする

多くの人の場合、現役時代よりも収入が減ってしまう年金生活では、自分が働いたり、お金に働かせたりして収入を増やすと同時に、**支出を減らす工夫も大切**です。そして、支出を減らすには、「生活をサイズダウンする」ことが不可欠になってきます。

「十分な収入があればその必要はない」と思う人もいるかもしれません。しかし、生活のサイズダウンは、支出を減らすこと以外の目的もあります。

子供が独立するなどして、年齢を重ねていけばライフスタイルも変わってきます。夫婦ふたりだけなら、生活をコンパクトにしておくほうが、何かと暮らしやすくて快適だったりするものです。この際、生活のサイズダウンを検討してみてください。

生活のサイズダウンには、この3つを見直す必要があります。**もの、付き合い、お金**。年を取れば取るほど、腰は重くなるものです。あなたが今、50代なら、気力も体力も十分あるはずですから、今のうちに、どんどん見直して、不要な部分を削ぎ落としていきましょう。

今から生活のサイズダウンに着手すれば、現役を引退して年金生活に入る頃には、シンプルでスッキリした生活環境の中でゆとりある老後を送ることができるに違いありません。

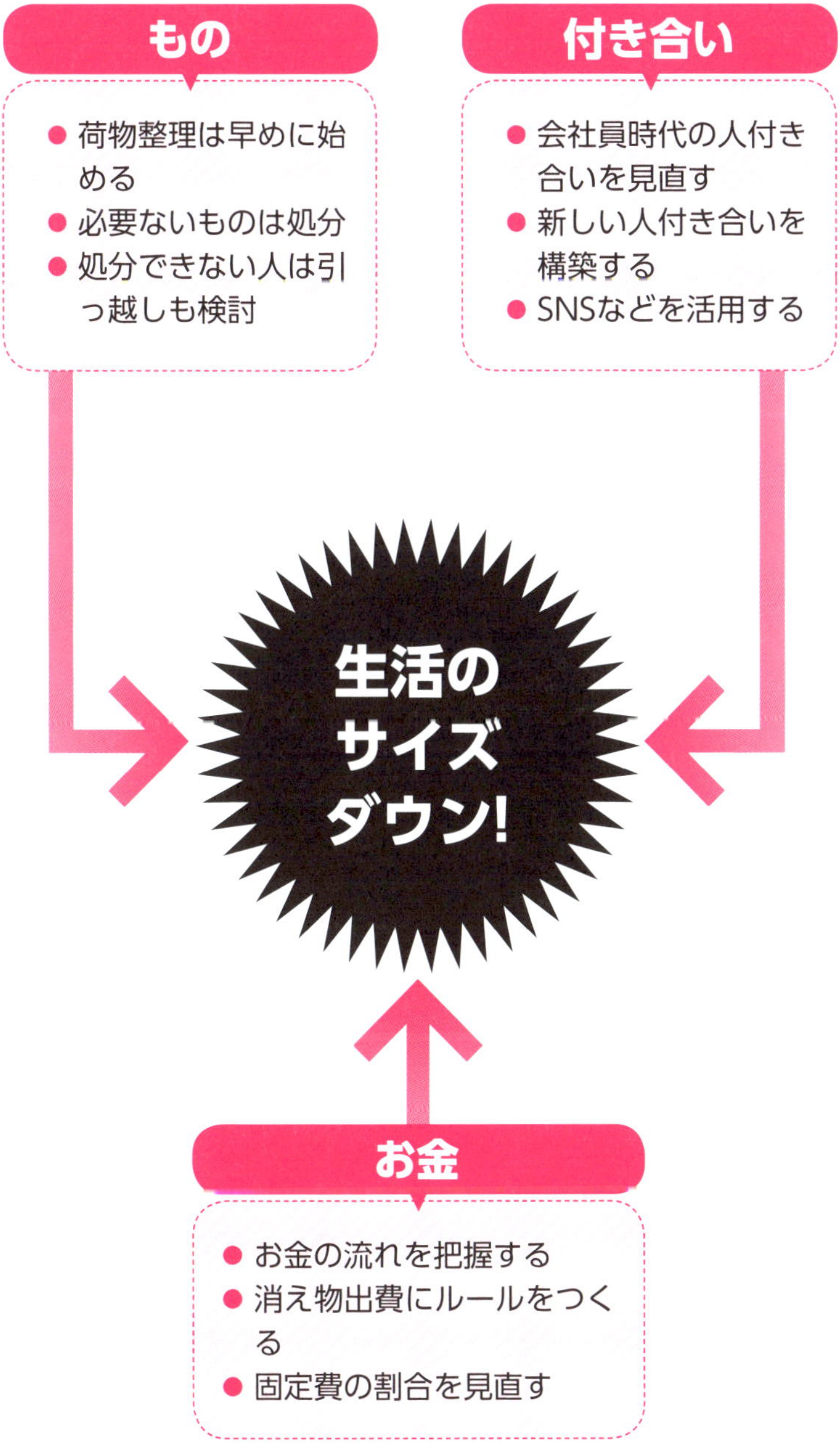
もの
● 荷物整理は早めに始める
● 必要ないものは処分
● 処分できない人は引っ越しも検討
付き合い
● 会社員時代の人付き合いを見直す
● 新しい人付き合いを構築する
● SNSなどを活用する
生活のサイズダウン!
お金
● お金の流れを把握する
● 消え物出費にルールをつくる
● 固定費の割合を見直す

生活のサイズダウン

もののサイズダウン

・荷物の整理は早めの着手がおすすめ

人は、生活していると、どんどん荷物が増えていくものです。転勤などで引っ越しを繰り返してきた人ならまだしも、ずっと同じ家に住み続けている場合、大きな片付けをする機会もなく、荷物は際限なく増え続け……。

荷物の整理は、年齢を重ねると、どんどん億劫になっていきます。夫婦のうちのどちらかが亡くなったりすると、「思い出に埋もれて死んでいきたい」などと感傷的になったりして、ますます荷物整理が困難に。

荷物の整理にはパワーが要ります。したがって、**体力も気力もあって、フットワークが軽いうちに取り掛かるのが正解**。一気にやろうと思うと大変ですから、50代のうちから、少しずつ不要なものを処分していくのが理想です。

・処分が難しかったら、引っ越しも手

家の中の荷物を整理するきっかけとして引っ越しを挙げる人は少なくありません。引っ越しをすることになれば、否が応でも荷物を見直すことになり、「この際だから処分しよう」というモチベーションも出てきます。

というわけで、どうしても荷物の処分が難しい場合、**思い切って引っ越しをするのも、ひとつの方法**です。

子供たちが巣立ったあと、夫婦ふたりだけで

処分方法にもいろいろあります

売る

- フリーマーケット
- リサイクルショップ
- メルカリ
- ラクマ
- ヤフオク!

譲る

- ジモティー
  (https://jmty.jp)
- シェアマ
  (https://www.share-ma.com)
- NPO法人もったいないジャパン
  (http://mottainai-japan.com/support)
- エコトレーディング
  (https://eco-friendly.site)
- セカンドライフ
  (https://www.ehaiki.jp/second)
- ワールドギフト
  (https://world--gift.com)

不用品の処分方法はいろいろ！
自分にできそうな方法、
やりたい方法を選んでみて。

戸建てに住んでいると、空き部屋が物置化します。年を取ってくると、だんだん2階には上がらなくなり、そこがアンタッチャブルの物置空間になっている家は少なくありません。

すでにこうなっている人も、近い将来、こうなりそうな人も、早いうちに引っ越しを考えてみませんか。今よりコンパクトな家を選べば、持ち物もコンパクトにせざるを得ませんから、荷物を整理する決断もできるでしょう。

戸建ては掃除やメンテナンスが大変です。年を重ねるとなおさらですから、便利な場所にあるコンパクトなマンションに引っ越すという選択肢も視野に入れてください。マンション住まいの人も、子供が独立するなどしてライフスタイルが変わっているなら、今より小さな物件に引っ越してコンパクトな暮らしを始めることを検討してみては？

生活のサイズダウン

付き合いのサイズダウン

・人付き合いを見直してみる

進学、就職、結婚、子供誕生、定年退職……。人は、長い人生の中でいくつかのライフステージに立ちます。当然のことながら、それによって、付き合う人も変わってきます。

もちろん、例えば幼馴染みや学生時代の親友など、ライフステージがどう変わろうと、付き合い続ける人もいるでしょう。それは、その人にとって必要な付き合いですから、大事にすべきです。しかし、中には、ライフステージが変わって疎遠になりつつあるのに、「面倒だな」「嫌だな」と思いながらも、惰性や義理でなんとなく続けてきた付き合いもあるはずです。

定年退職後も、現役時代の仲間や上司とゴルフに行ったり、飲み会を開いたり。あるいは、中元・歳暮といった季節の贈り物をしたり。子供はとっくに独立しているのに、まだ義理でママ友との付き合いを続けている、結婚して30年以上も経つのにいまだに仲人さんに季節の贈り物をしている……。

自分が楽しくて続けているのなら構いませんが、**義理や惰性で仕方なく続けているのなら、そろそろ見直すべきではないでしょうか**。こうした付き合いにも、出費がついてまわります。人付き合いのサイズダウンをはかり、身辺をスッキリさせれば、気持ちが清々しくなるだけでなく、財布にも嬉しいのです！

こんな付き合い、残っていませんか??

会社員時代の義理の付き合い

会社員時代の上司や同僚などと、定年退職後も、義理でゴルフや飲み会などを続けているなら、そろそろ、その付き合いは見直しても。

ママ友とのランチ

子供はすでに巣立っているのにママ友のランチを惰性で続けている人も多数。さすがにそろそろ……。

遠縁との冠婚葬祭の付き合い

冠婚葬祭のみの付き合いを続けている遠縁はいませんか。お互いに負担になっているはずですから、申し合わせて、付き合いをやめても。

義理○○の贈り物

義理チョコ、義理チョコ返し、義理土産など「義理」での出費はバカになりません。

仲人さんへのご挨拶

結婚して何十年も経っているなら、仲人さんへの盆暮れのご挨拶は、もうやめても……。

年賀状＆暑中見舞い

なんとなく続けている人も多いでしょうが、今ではメールという便利なツールも。

すべてが無駄というわけではないけれど、見直す価値のある付き合いを挙げてみました！

・新しい人付き合いの形を模索する

人付き合いのサイズダウンをおすすめするといっても、人付き合いを闇雲にカットしようと言いたいわけではありません。人との付き合いを削りすぎると、味気ない人生になってしまいます。自分は誰とつながっていたいのか。よく考え、必要な付き合いは残していきましょう。50代以降は、新しい人付き合いの形を模索する年代です。

その意味でも、まず、これまでの人間関係を見つめ直し、必要な付き合いとそうでない付き合いを明確にし、自分にとってあまり重要でない付き合いはカットしていく。その代わりに、厳選した新しい人間関係を構築する。これが、50代以降の理想的な在り方です。

定年で長年勤めた会社をやめれば、自ずと人付き合いには変化が出てきます。それまでの付き合いは仕事中心に回っていたでしょうが、退職すると、そうはいきません。会社や仕事で構築した人間関係は希薄になっていくでしょう。

現役時代から仕事以外の付き合いを持っている人はいいのですが、そうでない人は、淋しい老後になりがちです。孤独な老後にしたくなければ、仕事人間の人は特にそうですが、50代に突入した頃から、ぼつぼつ、**仕事や会社以外の場で人間関係を構築**していきましょう。

地域とつながる、カルチャーセンターなどに通うなどして、職業や年代を超えて共通の趣味でつながる人間関係を築き老後、ハツラツと過ごすためにも、新しい付き合いを模索し、今までにないコミュニティをつくってください。

ただし、あまりにもお金がかかる付き合いになりそうなら、よくよく考えるべきです。

ボランティア

定年後の第二の人生を有意義なものにするためには、生きがいや楽しみが必要です。それを得ると同時に、新しい人間関係を構築するなら、ボランティアがおすすめです。

人の役に立つことで生きがいを感じる、仲間ができる、知識や経験を活かせる、社会への恩返しができる、社会との関わりを保っていられるなど、ボランティアにはメリットがいっぱい。

小学生の登下校の見守りといった地域活動、介護サービスや子育て支援といった福祉関係、災害被災地への救援活動など、シニアにできるボランティア活動はさまざま。海外生活経験者や語学が堪能な人は、経験や技術を海外で活かす海外ボランティアという選択肢もあります。

ボランティアの募集情報は、自治会の回覧板や市町村の広報紙、公共機関の掲示板やホームページなどに掲載されています。また、社会福祉協議会のボランティア・市民活動センターでは活動の相談や紹介を行っています。

SNSを活用する

ツイッター、フェイスブック、インスタグラムなどのSNSもまた、新しい人付き合いの形を模索するうえで役立ってくれるツールです。

SNSには、プロフィールを公開できる、他者とのつながりを可視化できる、システム内でつながっている他者とのコミュニケーションをはかることができる、といった特長があります。

このSNSを利用してつながりをつくることで、例えば、フェイスブックで旧友と何十年かぶりに連絡を取り合えたり、海外の友人や知人ともつながることができたりします。

生活のサイズダウン

お金のサイズダウン

・お金の流れを把握する

「お金のサイズダウン」とは、ズバリ「支出を減らす」ことです。

「そんなのは簡単。無駄づかいをやめればいいんでしょ？」

「節約すればいいんでしょ？」

こんな声も聞こえてきそうですが、お金のサイズダウンをはかるには、まず、お金の流れを把握する必要があります。

世帯収入はいくらなのか。

毎月、何にどれだけ使っているのか。

最低でも以上の2点をきちんと把握しておかなくては、何が無駄なのかもわかりませんから、

節約のしようもありません。節約とは、「とにかくお金を使わない」ことではなく、「無駄なところに使わない」ということ。

「わが家の無駄はどこにあるのか」を知るには、まず、お金の流れを把握する必要があるというわけです。お金の流れがわかっていなければ、家計の見直しも何もありません。

専業主婦の世帯なら、家計は妻に任せっぱなしという夫も多いでしょうが、**お金の流れは夫婦で共有することが大事**です。また、共働きで、お金の管理はそれぞれが勝手にやっているという場合、本来なら、夫婦で共有したいところですが、「今さら無理」なら、まず、自分のお金の流れだけでも把握してみましょう。

お金の流れ把握フロー

実際に書いてみましょう。

収入　円

固定費　円	生活費　円	貯蓄
・家賃　円	・食費　円	・積立　円
・新聞　円	・外食費　円	・財形　円
・習い事　円	・日用品費　円	・保険※　円
・おこづかい　円	・交通費　円	**その他**
・公共料金　円	・交際費　円	・税金　円
・通信費　円	・美容・被服費　円	・返済　円
※貯蓄性があるもの	・医療費　円	・掛け捨て保険　円

よくある無駄出費

・ジムの会員費

ほとんど通えていないのに、「そのうち行くから」と会費を何か月も、何年も払っている人は珍しくありません。

・使わないクレジットカード

クレジットカードは持っているだけで年会費がかかるものもあります。使わないで年会費だけ払っていませんか？

・有料アプリ・オプション

もともとスマホに入っているアプリの中には有料のものも。使っていないのにお金だけ取られていることが！　また、加入時に有料オプションに申し込んでそのままになっている可能性も！

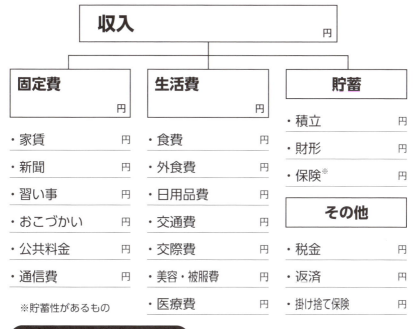

会費や契約料などで
払っているけど
活用していないものを
洗い出してみましょう。

・消え物出費のルールをつくる

お金のサイズダウンをはかるには、日々の生活で生じる無駄を省くこと。でも、その前に「何が無駄なのか」に気づく必要があります。

無駄は、人や家庭で異なりますが、無駄の温床になりやすいのは、**5つの〝消え物〟**。

消え物とは「ひとつひとつは少額で、形に残らないもの」。食べたら消える**食費**、飲んだら消える**飲み物代**、吸ったら消える**たばこ代**、泡に消える化粧品などの**美容費**、乗ったら消える**交通費**が、5つの消え物です。

消え物の消費は、習慣化されていることが多く、1回の出費も少ないため、無駄に気づきにくいところが落とし穴。レシートをチェックするなどして、自分が消え物に使っているお金を把握してみましょう。

もちろん、消え物にかけるお金をゼロにする必要はないし、そもそも、それは不可能です。ただ、無意識に行っていた消え物消費を、少しだけでも意識するようにしてみましょう。

例えば、ランチのあとでなんとなくコンビニに立ち寄り、なんとなく缶コーヒーを買うという行動をやめて、「缶コーヒーは本当に欲しいときにだけ買う」もしくは、「一杯あたり40円くらいのドリップバッグのコーヒーを淹れる」など、自分なりに、消え物消費のルールをつくったり、節約になる方法に変えてみたりするのです。そうするだけで、消え物に使うお金をグンと抑えることができます。

5つの消え物!!

食費

食べたら消えるのが「食費」。しかも、外食は自炊の5倍かかると言われています。

飲み物代

飲んだら消える「飲み物代」。ジュースやビール、ワインなどのアルコールも含まれます。

たばこ代

吸ったら消える「たばこ代」。財布にも健康にもよろしくないので、禁煙がベスト！

美容費

化粧品やネイル、マツエクなどの「美容費」は泡に消える〝消え物〟。真っ先にリストラの対象に。

交通費

乗ったら消えるのが「交通費」。気軽にタクシーを使うと出費はかさむ一方です。

ルールの例

・作りすぎるぐらいなら、コンビニ総菜を使う

夫婦ふたりだけになると食べる量も減ってきます。それまでの習慣で、つい作りすぎて無駄にするくらいなら、食べきりサイズのコンビニ惣菜を利用してみては。食材を買って自炊して無駄にするなら、こちらのほうがお得です。

・外食は目的のあるときだけにする

「ただなんとなく」でチープな外食を５回するくらいなら、「ここぞ」というときに、ゴージャスな外食を１回するほうが、満足度ははるかに高いはず！

・嗜好品は優先順位をつける

たばこ、アルコール、コーヒーなどの嗜好品。複数の嗜好品がある人は、すべてを好きなだけ嗜むのではなく、優先順位をつけ、順位が低いものは、思い切ってやめるか、無理なら量を減らしてみては。

・体調によって、タクシーは使用可

ちょっとのところでもすぐにタクシーを使っていると、「チリも積もれば山」となってしまいます。かといって、「絶対使わない」と決めると心に負担が。「体調が悪いときは無理しない」など、こうしたルールをつくっておくのも手。

・固定費と生活費を見直す

家賃や通信費など、毎月決まった出費のことを「固定費」と呼びますが、これを削ることで、結果的に大きなお金を浮かすことが可能です。ここで浮いた分を老後に備えて貯蓄に回せば、年金生活の見通しは明るくなるはずです。

固定費の中でもっとも大きな割合を占めるのは、賃貸住宅に住む人の場合は**家賃**ですから、まずは、この部分を見直してください。

子供が独立して夫婦ふたりだけになったのに、広い賃貸物件に住んで、無駄に高い家賃を払っていませんか。よく考え、もっとコンパクトで安い賃料の物件に引っ越すことも検討してみましょう。

現役のうちなら収入も保証されているでしょうから、民間の賃貸物件も容易に借りられます。しかし、年金生活者になると、民間で借りられる物件はグンと少なくなってしまいます。それを見越して、UR賃貸住宅や高齢者向け住宅に引っ越すことも考えてみて。年を取っても借りられるだけでなく、もちろん、家賃も割安になります。

家賃以外にも、携帯電話をドコモやauなど大手キャリアから格安SIMに乗り換えたり、現在のキャリアのまま料金プランを見直して**通信費**を抑えたり。また、電気やガスを提供する会社を上手に選ぶことで、**公共料金**を抑えたり。さらには、死亡保障が多すぎではないか、保障内容が今の時代に合っているのか、などをチェックして**保険**を見直したり……。

面倒臭がらずに、いろいろなところで見直しをすれば、固定費だけでなく、生活費全体も抑えることができるのです。

生活にかかるお金を見直すためには？

住宅関連費

URや高齢者向け住宅に引っ越す

子育てをしていた家にそのまま住んでいるという人も多いかと思いますが、あまりに広すぎる家は維持費もかかります。潔く手放して、手の届く大きさの家に引っ越すことも考えてみましょう。高齢者向けのマンションなどもおすすめです。

通信費

格安SIMに変更する

携帯電話は大手キャリアよりも格安SIMに変更したほうがかなりお得になる場合があります。中には月に1万円以上安くなるケースもあるほど。格安SIMとはいえ、電波などは安定しているので、変更を検討してみてはいかがでしょう。ただし、トラブル時にすぐショップに駆け込む人は、大手キャリアのまま、プランの見直しでもＯＫ。

公共料金

業者を見直すとお得に

電力自由化、ガス自由化と、公共料金も自由化が進んでいます。住んでいる地域や生活スタイルによって、お得な業者に乗り換えると、公共料金が安く抑えられたり、ポイントが付与されたりすることがあります。ぜひ一度チェックしてみましょう。

保険

時代遅れな保険に入っていませんか

若い頃に入ったまま、保険を見直していないという人は多いと思います。先進医療など、かつてはなかった治療方法が増えてきているので、時代遅れの保険になってしまっているケースもあります。見直すことで保険料も安く抑えられる場合もあります。

コラム 5

金融資産を整理しておこう

あなたは自分の金融資産がどれだけあるか、きちんと把握していますか？　これから老後を迎えるにあたり、しっかりとしているうちにどこに何があるのかを整理しておくことはとても重要なことです。

不用意にいろいろな銀行や口座に資産が分散されていたり、自分でも忘れていた証券会社の口座があったりすると、あなたが亡くなったあと、残された家族に余計な負担をかけることになります。

まずは、もう使っていない口座は解約し、どこにどんな金融資産があるのかをきちんと把握することから始めましょう。そうすると、意外なところからお金が出てきたりとラッキーなことがあるかもしれません。

暦年贈与やジュニアＮＩＳＡなど、生前に贈与を行っておいたほうがお得なものもあります。そういった制度を知らずに活用しないのはもったいないこと。中には家計をパートナーに任せっきりにしてしまっている人もいるかもしれませんが、これを機に自分の資産をきちんと整理して、資産状況を一覧にしておくとよいでしょう。

第3章

年金＋貯金で老後を快適に過ごすテク

テクニック1

退職金の使い方を考える

定年を迎えて何十年も勤めた会社を辞めるとき、もちろん一抹の淋しさも感じるでしょうが、多くの人は解放感を覚え、そして、退職金にほくそ笑むのではないでしょうか。

そう、会社員にとって退職金は何よりのご褒美。退職金をもらったら、あれをしよう、これをしよう……と、定年になる前から使い道を考えてウキウキしている人もいるはずです。

でも、ちょっと待ってください！

まとまったお金が入ってくると大船に乗った気持ちになって派手に使いがちですが、退職金は、**老後の備えとして蓄えておくのが基本**です。もちろん、例えば3000万円のうちの200万円だけは、「ありがとう」の意味で妻と出掛ける世界一周旅行に充てる、といった使い方はOKです。でも、残りの2800万円は、老後の資金としてとっておくべきでしょう。

お金というものは、あると思うと、つい使ってしまいますから、当然、普通預金の口座には入れておかないように。すぐに引き出せない形で蓄えておくことも大切です。

ちなみに、多くの人の脳裏には「定年退職＝退職金」という図式が浮かんでいるでしょうが、近頃は退職金が出ない会社も珍しくありません。「取らぬ狸～」になって、あとでガックリこないよう、退職金が出るのかどうか、また、出るとしたらいくら出るのかを事前に確認しておきましょう。

退職金、みんな何に使ってるの？

野村総合研究所調べ

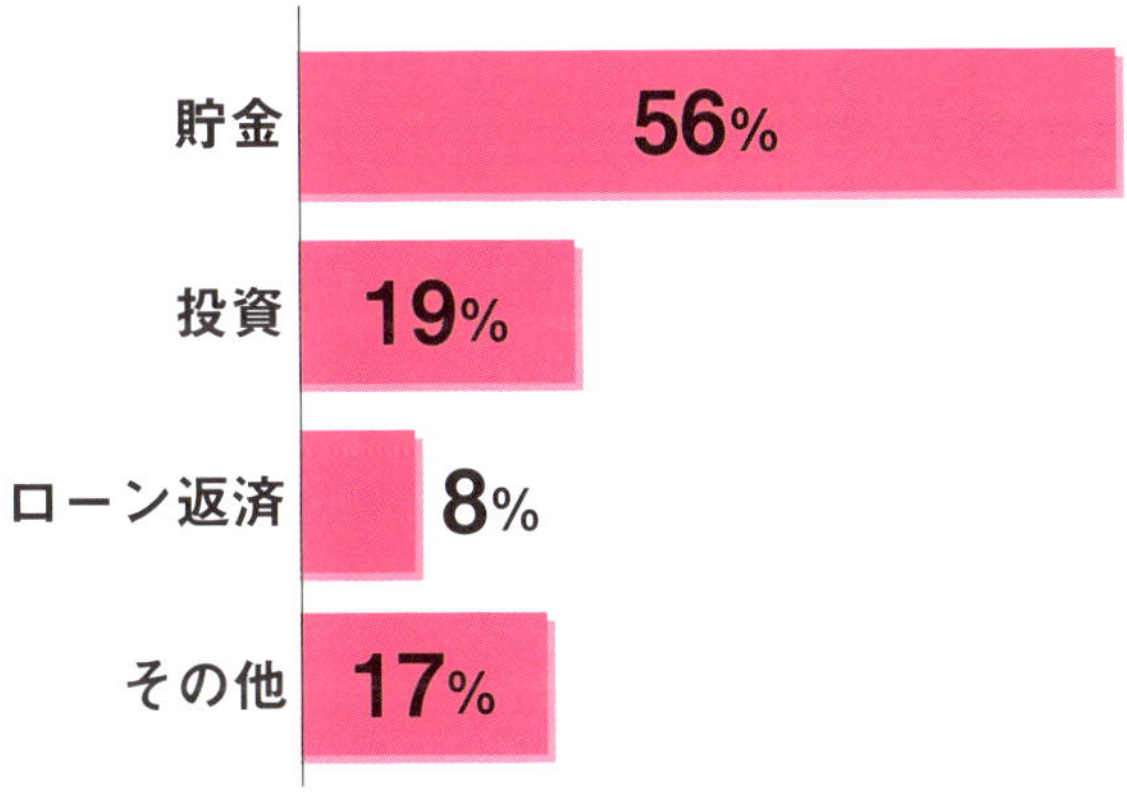

ダメな使い方

Case1 パーっと使う

退職金で贅沢三昧！　など、夢のある使い方をしたいと思う人も多いと思いますが冷静になりましょう。ここで貯蓄に回すかどうかで、今後の生活も大きく変わります。

Case2 投資詐欺に引っかかる

退職金を狙った投資詐欺なども多発しています。第2章でもお伝えしましたが、基本的にうまい話には裏があるもの。大金を手にしたときこそ、冷静に判断することが大切です。

テクニック 2

老後の生活費、平均値に惑わされない！

総務省の「家計調査」（2017年）のデータによると、高齢夫婦（夫65歳以上、妻60歳以上のふたり無職世帯）の毎月の収入（主に年金）は約20万9000円で支出は約26万4000円。つまり、約5万5000円の赤字です。毎月6万円近くの赤字だと思うと憂鬱ですが、平均値に惑わされてはいけません。個々の家計の収支は、各々の収入・支出の状況やライフスタイル等によって大きく異なるからで、老後の月々の生活費は、総務省の調査では約26万円、生命保険文化センターの調査では約36万円となっていますが、それらはあくまで平均値であって、すべての世帯がそれに当てはまるわけではないのです。

月26万円よりもはるかに少ない支出で生活できる人もいるでしょう。また、月36万円でもぜんぜん足りないような贅沢三昧の暮らしをしようとする人もいるでしょう。

72ページ以降で、20万円、26万円、36万円、16万円と4パターンの支出の内訳を紹介しています。それぞれを見比べれば、自分はどの程度の生活をしたいかが見えてくるでしょう。

モデルケースはあくまで目安。「食費はこれくらいで十分、交際費はもっと欲しい」など、平均値だけで考えず、実際に自分のライフスタイルに当てはめながら、老後に必要な月々のお金を導き出してみましょう。

高齢者世代の家計支出

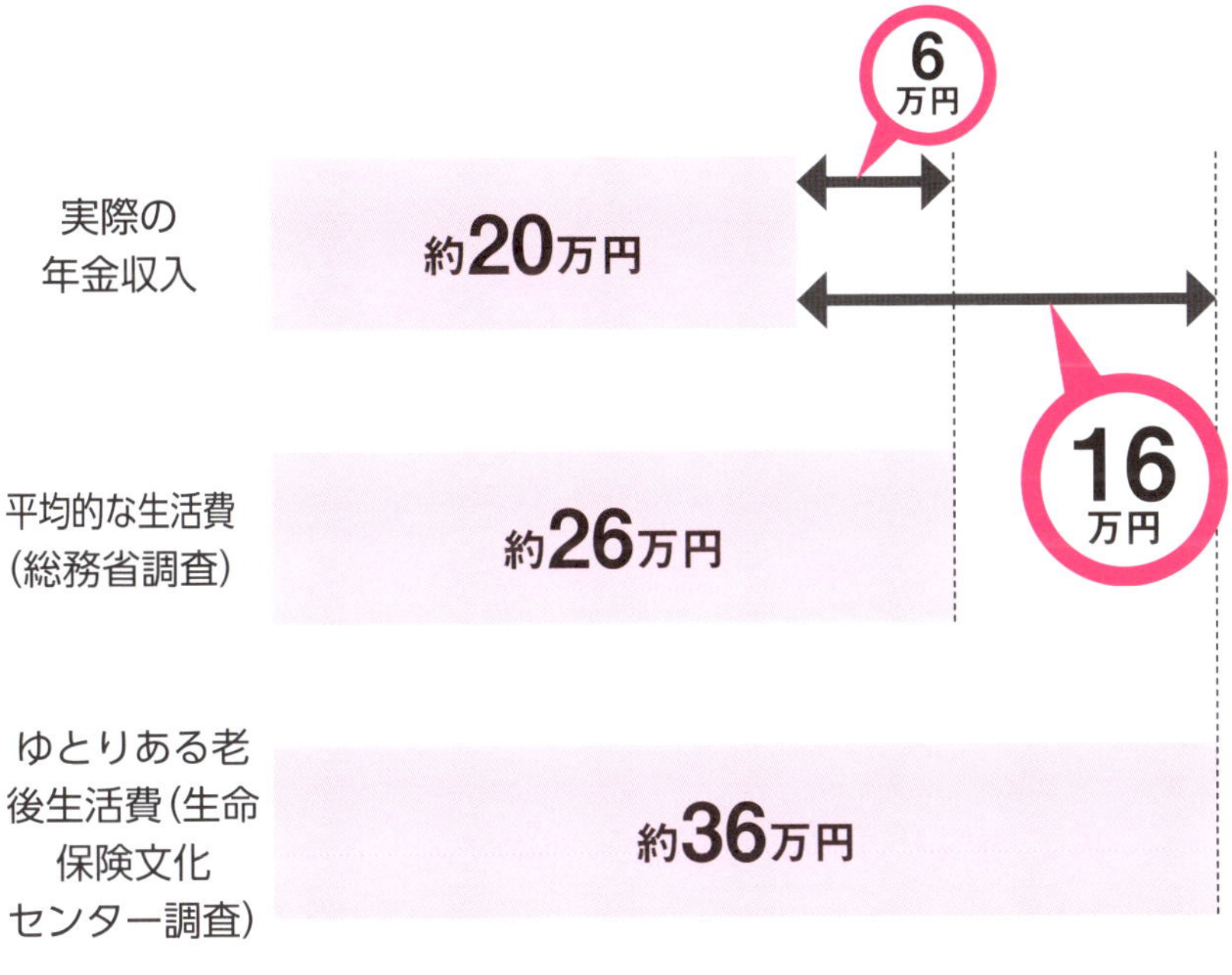

夫婦ふたりの年金の手取り額は月額およそ20万円です。しかし、総務省の調査によると、年金生活の夫婦ふたり世帯で１か月にかかる生活費は約26万円、生命保険文化センターの調査ではゆとりのある老後生活費が約36万円になっています。どちらにしても赤字かも……!?

モデル1　20万円（夫婦ふたりの年金額ベースの場合）

夫婦ふたりの年金の手取り額、20万円で生活すると仮定した場合のモデルケースです。持ち家か賃貸かなど、ライフスタイルによって変動する部分もあると思いますが、目安として参考にしてみてください。

費目	%	理想の金額
住居費	15%	30,000円
貯蓄	10%	20,000円
水・光熱費	10%	20,000円
通信費	5%	10,000円
食費（外食費含む）	20%	40,000円
日用品	2%	4,000円
医療費	5%	10,000円
交通費	4%	8,000円
交際費	7%	14,000円
服飾美容	6%	12,000円
趣味娯楽	6%	12,000円
保険	5%	10,000円
予備費	5%	10,000円
計	**100%**	**200,000円**

モデル2　26万円（総務省調査ベースの場合）

「ゆとりある生活」とはどの程度の生活を指すのか、次のページの36万円の場合のモデルと見比べてみましょう。年金額の20万円からは外れてしまっているので、どのように収入を得るのかも合わせて考えてみましょう。

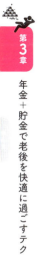

費目	%	理想の金額
住居費	15%	39,000円
貯蓄	15%	39,000円
水・光熱費	10%	26,000円
通信費	5%	13,000円
食費（外食費含む）	17%	44,200円
日用品	2%	5,200円
医療費	4%	10,400円
交通費	5%	13,000円
交際費	7%	18,200円
服飾美容	6%	15,600円
趣味娯楽	5%	13,000円
保険	4%	10,400円
予備費	5%	13,000円
計	**100%**	**260,000円**

モデル3　36万円（生命保険文化センター調査ベースの場合）

前ページのモデルと比べて大きく変わるのは住居費と貯蓄でしょうか。持ち家ではない場合はこのモデルを参考に考えるのが良いかもしれません。前のふたつも参考にしながら節約できる箇所を考えるのも手です。

費目	%	理想の金額
住居費	15%	54,000円
貯蓄	20%	72,000円
水・光熱費	8%	28,800円
通信費	4%	14,400円
食費（外食費含む）	12%	43,200円
日用品	2%	7,200円
医療費	5%	18,000円
交通費	4%	14,400円
交際費	6%	21,600円
服飾美容	8%	28,800円
趣味娯楽	7%	25,200円
保険	4%	14,400円
予備費	5%	18,000円
計	**100%**	**360,000円**

モデル4　16万円（おひとりさまの場合）

今や独身であることはよくある〝普通〟のことです。独身の人の場合、一人分なので年金額が減ります。ただ、その分食費なども一人分で済みますので節約できるところがあるでしょう。

費目	%	理想の金額
住居費	15%	24,000円
貯蓄	10%	16,000円
水・光熱費	7%	11,200円
通信費	5%	8,000円
食費（外食費含む）	20%	32,000円
日用品	2%	3,200円
医療費	5%	8,000円
交通費	4%	6,400円
交際費	9%	14,400円
服飾美容	6%	9,600円
趣味娯楽	7%	11,200円
保険	3%	4,800円
予備費	7%	11,200円
計	**100%**	**160,000円**

テクニック3

予算分けをしてやりくりする

家計は、「予算分けをしてやりくりする」のが基本です。これは、すべての世帯に言えることですが、収入が非常に限られてくる年金生活では、予算分けでのやりくりが、より大切になってきます。ただなんとなく使っていると、赤字になるのが目に見えているからです。

まず年金が入ったら全額を引き出し、2等分します。年金は2か月に1度支給されますから、1か月分ずつに分けるということです。

次に、1か月分の年金から、家賃などの「固定費（64ページ参照）」、公共料金、月々の貯蓄+保険料など、月々必ず出て行くお金を差し引きます。これらは、銀行口座から引き落としにしているなら、現金を口座に入れ、振込なら、先に払ってしまいましょう。

1か月分の年金から固定費などを差し引いて残ったお金が、その月に使える「生活費」です。生活費は「食費」「その他の生活費」「予備費」の3つに分けて、それぞれ予算を決めましょう。予備費というのは、生活費が不足したときやイレギュラーな出費に備えるものです。

食費とその他の生活費は、それぞれ5等分（5週分）します。そして、月曜日などというように、毎週決まった曜日に1週分ずつ財布に入れて、1週間やりくりします。やりくりをして残ったお金は、翌週にくり越さずに取り分けておき、貯蓄用の口座へ入金するといいでしょう。

分け方のマトリックス

1 年金が入ったら予算全額を引き出す

偶数月の15日（104ページ参照）に2か月分が支給される年金。指定口座に振り込まれたら全額を引き出して２等分し、１か月分ずつに分けます。毎月15日～翌月14日までがお金の1か月としてやりくりします。

2 固定費など毎月かかるお金を引く

家賃、通信費、保険料、公共料金など毎月必ずかかるお金を①の年金1か月分から引いて、引き落としなら、その口座に入れておきます。

3 食費とその他の生活費と予備費の予算を決める

次に、①から②を引いて残った額を、食費とその他の生活費と予備費に分けましょう。

4 食費とその他の生活費を５週分に分ける

③で決めた食費とその他の生活費の予算を、１か月５週間で使えるように、それぞれを５等分し、封筒に分けて入れておきます。

5 週の初めに予算分を財布に入れて、その中でやりくりする

週の頭に１週間分を財布に入れ、そのお金でやりくりをします。残った分は翌週にくり越さず、新たに１週間分の予算を財布へ。余ったら専用の封筒へ。お金の1か月が終わったら、残金を貯蓄用の口座へ入金しましょう。残金＝やりくりの成果です。

テクニック
4

年金家計簿をつける

「家計簿なんかつけたことがない」という人は意外に多いようですが、家計簿は、お金の流れを知るための大切なツールです。ぜひ、つける習慣を身につけてください。

家計簿は、家計の収支を管理するだけでなく、収支の記録を見直すことで、「いつ、何にお金を使ったか」を確認できるのがメリットです。もちろん、ただ漠然と確認するだけでは意味がありません。毎日の出費を記録することで無駄を可視化し、認識するのが、家計簿をつける目的。家計簿は、定期的に見直すことで、家計の無駄が明らかになり、その無駄を抑える工夫や努力をしてこそ、つける意味が出てきます。

家計簿は、「予算を守るための記録」だったりもします。例えば、1週間の食費の予算は5000円で週半ばに確認すると1500円しか残っていなかったとします。次の週までの3日を、冷蔵庫の中のものと1500円でどう乗り切るか、やりくりの算段をする——。家計簿には、こんな効果もあるのです。

家計簿を見ながら、予算内で生活することを考えるのは、頭の体操にもなります。その意味でも、年金生活の人には家計簿をつけていただきたいのです。一般の世帯も年金生活者の世帯も、基本的な家計簿のつけ方は変わりません。ただし、年金は偶数月の15日に振り込まれるため、年金生活者世帯の家計簿は、毎月15日からスタートするのが基本になります。

年金家計簿をつけてみよう！

〈用意するもの〉

- ノート：B5判の大学ノート。見開きで1か月分です
- レシート：レシートは必ずもらって捨てない
- 筆記用具：黒と赤のボールペン、マーカーなどを用意
- 時間：1日に5分でよいので、家計簿づけを習慣にする

注意点

❶ 家計簿の1か月は年金支給日の15日からスタートします

❷ 年金の支給は2か月に1度。きちんと1か月分に分けて管理をしましょう

❸ 公共料金の予算はあらかじめ引き落とし口座に入金しておきます

❹ 現金管理をするのは生活費のみです

❺ 反省も大切。1か月に1度、家計を見直してみましょう

❻ カードを使ったらすぐにカードの引き落とし口座に入金

❼ 食費は1か月を5週に分けて管理しましょう

❽ 現金以外の支払いにはマーカーなどでしるしをつけます

❾ 予備費の余りは、慶弔費用など、急な出費に使用するための預金口座に入金しておきましょう

❶～❾は、p80、81の例に対応しています

	食　費	他生活費
1週目 ❼	10/15〜10/21　予算8,000円 10/15　○×スーパー　3,000円 10/17　❽ ○○コンビニ　(電)1,000円 10/20　△×ストア　3,000円 合 計　7,000円 ⊕1,000円	10/15〜10/21　予算10,000円 10/15　△×ドラッグ　2,000円 10/19　○○百貨店　5,000円 合 計　7,000円 ⊕3,000円
2週目	10/22〜10/28　予算8,000円 10/23　○△スーパー　4,000円 10/26　△×ストア　3,000円 合 計　7,000円 ⊕1,000円	10/22〜10/28　予算10,000円 10/24　○服店　4,000円 10/28　カラオケ　2,000円 合 計　6,000円 ⊕4,000円
3週目	10/29〜11/4　予算8,000円 10/30　○×スーパー　2,000円 11/2　ファミレス　㋕3,000円 11/4　○△ストア　3,000円 合 計　8,000円 ±　0円	10/29〜11/4　予算10,000円 10/30　△△ドラッグ　1,500円 11/2　100円ショップ　1,100円 合 計　2,600円 ⊕7,400円
4週目	11/5〜11/11　予算8,000円 11/6　スーパー○△　1,500円 11/8　○○コンビニ　(電)1,000円 11/10　○○スーパー　4,000円 合 計　6,500円 ⊕1,500円	11/5〜11/11　予算10,000円 11/6　○△カット　3,000円 11/10　ドラッグ○×　㋕1,500円 合 計　4,500円 ⊕5,500円
5週目	11/12〜11/14　予算8,000円 11/12　○△ストア　2,000円 合 計　2,000円 ⊕6,000円	11/12〜11/14　予算10,000円 11/14　○○靴店　5,000円 合 計　5,000円 ⊕5,000円
	付け方のポイント ・買った日付と場所、金額だけでOK。 ・クレジットカード＝㋕、電子マネー＝(電)など現金以外で支払ったときは、金額にアンダーラインを引いてわかりやすく。 ・±は、予算が余ったら＋に、足りなかったら－に○をつける	予備費　予算15,000円 10/20　手土産　2,000円 11/13　お見舞い　5,000円 合 計　7,000円 ❾ ⊕8,000円

10月分　10/15〜11/14 ❶

収入　260,000円 ❷

固定費

住居費	39,000円
新聞代	4,000円
夫おこづかい	10,000円
妻おこづかい	10,000円
合計	63,000円

公共料金 ❸

電気	6,000円
ガス	4,000円
水道	6,000円
電話	2,000円
携帯	8,000円
ネット通信費	5,000円
合計	31,000円

生活費 ❹

食費	40,000円
他生活費	50,000円
予備費	15,000円
合計	105,000円

貯蓄

○○積立	20,000円
○×銀行	10,000円
△□証券	9,000円
合計	39,000円

他支出

他支出	8,000円
○△保険	10,000円
税金支払い	4,000円
合計	22,000円

- クレジットカードの利用合計 ❻
  14,000円
- 電子マネーの利用合計
  6,500円

今月の反省 ❺

	食　費	他生活費
1週目	/ ～ / 予算 円 合計 円 ± 円	/ ～ / 予算 円 合計 円 ± 円
2週目	/ ～ / 予算 円 合計 円 ± 円	/ ～ / 予算 円 合計 円 ± 円
3週目	/ ～ / 予算 円 合計 円 ± 円	/ ～ / 予算 円 合計 円 ± 円
4週目	/ ～ / 予算 円 合計 円 ± 円	/ ～ / 予算 円 合計 円 ± 円
5週目	/ ～ / 予算 円 合計 円 ± 円	/ ～ / 予算 円 合計 円 ± 円
		予備費 予算 円 合計 円 ± 円

※コピーして使えます

月分　／　～　／

収入　　　円

固定費

住居費	円
新聞代	円
夫おこづかい	円
妻おこづかい	円
合計	円

公共料金

電気	円
ガス	円
水道	円
電話	円
携帯	円
ネット通信費	円
合計	円

生活費

食費	円
他生活費	円
予備費	円
合計	円

貯蓄

	円
	円
	円
合計	円

他支出

	円
	円
	円
合計	円

- クレジットカードの利用合計
　　　　円
- 電子マネーの利用合計
　　　　円

今月の反省

テクニック 5

シニア特典を使ってお得に！

昨今、シニア層に向けてのサービスをあちこちで目にするようになっています。

バスや鉄道など公共交通機関のほか、旅行や宿泊、映画館、美術館、博物館、動物園、カルチャーセンター、スポーツジムといった娯楽や趣味の分野でも、シニア向けのサービスがポピュラーになっています。また、料金が割引になるサービスばかりではなく、スーパーやドラッグストアなどでは、ポイント特典が設定されていたりもします。シニア会員の場合はポイントなどが優遇されるというものです。

年金生活になり、現役時代に比べて収入が減る人が大多数のシニア世代。年を取ると医療費などもかさんできますから、生活はなかなか大変です。しかし、暗い顔をして家の中に閉じこもっているのは、損というもの。長年、働き通しで、やっと自分の時間ができたのですから、外に出て、自分の楽しみのためにお金を使いましょう。世の中に溢れるシニア特典を上手に使えば、お得に楽しむことができるのです！

「シニア特典」の恩恵を受けられるのは、退職後の話と思っている現役世代の人もいるかもしれません。しかし、シニア特典が適用される年齢はサービスによってまちまち。「適用年齢55歳以上」も珍しくありませんから、現役世代の人でも使える特典があるということです。

現役の人もリタイアした人も、シニア特典をフル活用し、豊かな余暇を過ごしましょう。

おすすめのシニア特典

映画のシニア特典

イオンシネマ

- **「ハッピー55（G.G）」** 55歳以上の人は観賞料金が1,100円。（年齢確認できるものが必要）
- **「夫婦50割引」** どちらかの年齢が50歳以上の夫婦は観賞料金が2人で2,200円。（同作品、同時間のみ。年齢確認ができるものが必要）

TOHOシネマズ

- **「シニア割引」** 60歳以上の人は観賞料金一律1,200円。（年齢確認できるものが必要）
- **「夫婦50割引」** どちらかの年齢が50歳以上の夫婦は観賞料金が２人で2,400円。（同作品、同時間のみ。年齢確認ができるものが必要）

ユナイテッドシネマズ

- **「シニア料金」** 60歳以上の人は観賞料金一律1,200円。（年齢確認できるものが必要）
- **「夫婦50割引」** どちらかの年齢が50歳以上の夫婦は観賞料金が２人で2,400円。（同作品、同時間のみ。年齢確認ができるものが必要）

旅行のシニア特典

るるぶトラベル

- **「50歳以上のおとな旅」**

高齢の親にプレゼントするプランや、親子孫三代での旅行プラン、夫婦向きのプランなどシチュエーションに応じた選択がしやすいのが特徴です。車いす対応の宿やバリアフリープランの検索ができます。
（https://info.rurubu.travel/theme/otonatabi/）

じゃらん

- **「50歳からのじゃらん」**

割引特典つき宿泊プランや「今月の目玉プラン」など50歳以上限定サービスが用意されています。ネット予約に慣れていないシニアでも、予約が完了すると宿から確認メールが届くので安心。また、ネット上でのカード決済ではなく、現地で支払いできる宿がほとんどです。
（http://www.jalan.net/theme/50_gentei/）

飛行機のシニア特典

大手航空会社である全日空（ANA）と日航（JAL）の年齢による優待制度は、当日に空席がある場合にのみ利用できます。ただし、割引率は極めて高く、通常運賃の3分の1以下になることもあります。

ANA「スマートシニア空割」

【資格】 65歳以上のANAマイレージクラブ会員
【運賃】 便や時期によって異なる
【制限】 予約は当日のみ、ネット予約可
（https://www.ana.co.jp/ja/jp/book-plan/fare/domestic/smart-senior/）

JAL「当日シルバー割引」

【資格】 満65歳以上（公的身分証明書かマイレージカードが必要）
【運賃】 13,300円〜16,500円（主要路線一律、時期によって異なる）
【制限】 搭乗日当日、出発空港にて空席がある場合にのみ利用できる
（https://www.jal.co.jp/dom/fare/t-silver.html）

レジャーのシニア特典

カラオケ　ビッグエコー

- **「大人の歌CLUB」**（会員カード発行無料）

60歳以上で室料10％割引。（1ドリンクオーダー制の場合）
来店ごとに1ポイント、5ポイントごとに食事などの選べるプレゼントがあります。
（https://big-echo.jp/adult_song/）

インターネットカフェ漫画喫茶　自由空間

- **「シニア割」**

60歳以上で平日の利用料金が割引になります。
「R60割の日」毎週水曜日は6:00〜18:00の間、利用料金（パック料金含む）食事料金、全て半額。
来店回数によってR60割カードのランクがアップし、ランクごとに店舗の利用料金割引もステップアップします。
（https://jiqoo.jp/news/archives/421）

テクニック6

年金生活者でもできるふるさと納税！

お礼としていろいろなものがもらえて人気の「ふるさと納税」。豪華すぎる返礼品を出す市町村が出てきたため、2019年6月に規制ができ、「返礼品の還元率は30％以下」「地場産品以外の返礼品はNG」となりました。

この規制によって、以前に比べれば、確かにふるさと納税のお得度は小さくなりました。とはいえ、自治体を応援する代わりに、その地方の名産品をもらえるのですから、楽しみは残っています。災害支援として、直接被災地域に寄附ができることも、ふるさと納税の大きな意義と言えるでしょう。

また、確定申告を行うと、寄附金額から2000円の自己負担を除いた額が所得税や住民税から控除されるのも、ふるさと納税のメリットです。年金生活者の場合、所得額によって寄附金の限度額も設定されていて、配偶者が所得税の控除対象者である場合、60歳以上で年間250万円の年金を受け取っている人なら、ふるさと納税の年間限度額は1万5000円程度です。

ふるさと納税を行うには、ふるさと納税のポータルサイト（左ページ参照）を参考に、寄附したい自治体を探し、決定したら、申し込みをして寄附金を支払います。寄附が完了したら、後日、お礼の品と寄附金受領証明書が届きます。翌年の確定申告で還付申告を行います。

ふるさと納税、やってみよう！

〈年金生活者の納税可能額の目安〉

年金金額と納税可能額の目安です。詳しくは各ポータルサイトでチェックしましょう。

収入	金額の目安
300万円	19,000円
350万円	28,000円
400万円	36,000円
450万円	45,000円
500万円	59,000円
550万円	68,000円
600万円	78,000円
650万円	100,000円
700万円	111,000円

出典：ふるさとチョイス
（https://www.furusato-tax.jp）

〈ポータルサイトが便利〉

ふるさと納税にはポータルサイトが便利です。サイトによって、扱う地方自治体や特典が違うので、あなたに合ったサイトを見つけましょう。

ふるさとチョイス

最大手のポータルサイト

全国1788の自治体のふるさと納税情報を掲載している、最大手のポータルサイトです。情報集めに最適です。

HP https://www.furusato-tax.jp

さとふる

使いやすさが魅力

マイページで返礼品の現在のステータス（発送準備中、発送中など）が確認できます。また返礼品が届くのが早いという魅力も。

HP https://www.satofull.jp

楽天ふるさと納税

ポイント還元率No.１！

納税額に応じて、楽天ポイントが還元されます。楽天スーパーセールなどを組み合わせれば、多くのポイントを得ることができます。

HP https://event.rakuten.co.jp/furusato

ANAのふるさと納税

ANAマイルが貯まる

ふるさと納税でANAの飛行機やANAツアーで利用することができるANAマイルが貯まります。（100円あたり1マイル）

HP https://furusato.ana.co.jp

テクニック
7

免許返納で受けられるサービス

高齢ドライバーの事故があとを絶ちません。「人ごとではない」と、運転免許の返納を検討している人もいるでしょう。親に免許を返納させることを考えている人もいるのでは。

どちらにしても、持っている免許を返納するのは淋しく、ちょっと損するような気にもなります。でも、免許返納でいろいろなサービスが受けられることをご存じでしょうか。

サービス内容は自治体によって異なりますが、例えば、東京都の場合なら、「帝国ホテル」など有名ホテルのレストランやバーの利用が10％割引になったり、「浅草仲見世商店街」での買い物割引、「はとバス」利用の割引など、外出が楽しくなるような特典が用意されています。

このほか、デパートの配送が無料になったり、タクシーの料金が10％割引になったり、と車がなくなった人にとっては嬉しい特典も。

免許返納で受けられるサービスには、どのようなものがあるのか。一度、自分の住む自治体の特典を調べてみましょう。

いずれにしても、免許返納をする前に移動手段の確保を忘れずに。バスや電車などの公共交通機関はあるのか。タクシーはすぐ利用できるのか。不便な地域に住む人が免許を返納すると、買い物や通院がままならなくなる場合がありますから、事前によく調べましょう。

移動手段の確保ができない場合は、便利な地域に引っ越すという選択肢もあります。

こんなサービスが受けられます（東京都の場合）

イオン（都内16店舗イオン直営売場）

即日配達便、お買上げ金額にかかわらず、運転経歴証明書提示で、1個あたり配達料金税込100円から300円（店舗により配達料金は異なる。一部未実施店舗あり）

一般社団法人東京都個人タクシー協会

タクシー乗車料金10％割引（障害者割引とは併用不可、一部除外車両あり）

はとバス

定期観光のコース料金5％割引（一部除外あり）

帝国ホテル東京

帝国ホテル直営レストラン・バーラウンジにて10％割引

テクニック
8
届け出だけで受け取れる給付金

医療費や収入に関連するさまざまな給付金や控除制度があります。例えば、高額の医療費は任意の保険でカバーするしかないと思いがちですが、医療費の一部が戻ってくる場合も……。ただ、このような給付金や控除制度は、わざわざ国や自治体から知らせてくれるわけではありません。その制度を利用できる条件を満たしているなら、自分で申請をしなくてはならないのです。利用できたのに、「知らなかった」ために、使うことなく終わってしまった」ということのないよう、いざというときどんな制度が使えるのかをチェックしておきましょう。

届け出だけで受け取れる給付金を、もらわない手はありません！

高額療養費制度

1か月に同じ医療機関や薬局窓口で支払った額が自己負担額の上限（所得によって決定）を超えると超過分の自己負担分が戻ってくる制度。1年に3か月以上上限額に達した場合は、4か月目以降の限度額が下がります。

申請方法

加入している健康保険組合へ申請。国民健康保険加入者は、市区町村役場へ、それ以外は各健康保険組合の窓口へ。

高額介護サービス費

1か月のうち、介護保険を利用して支払った自己負担額の合計が一定金額を超えたとき、超えた分のお金が戻ってくる制度。

申請方法

支給要件を満たすと、約3か月後に通知と申請書が届くので、申請書に必要事項を記入し、市区町村へ提出。一度申請すると、それ以後の申請は不要になる。

テクニック 9

最後の手段は生活保護!?

満足な収入も資産もなく、援助してくれる親族がいない場合は、最後の頼みの綱となるのが「生活保護」です。

生活保護は、居住地の市区町村の福祉事務所などに相談・申請し、生活状況や財産状況の調査が行われたうえで、支給の可否が決定されます。支給額は、最低限の生活を送るための基準額（最低生活費）に基づいて決まりますが、この水準は居住地によって異なります。就労による収入や公的年金収入がある場合でも、当該収入が最低生活費に満たない場合は、その差額が支給される場合があります。

とはいえ、生活保護を受けるためには、収入や資産が一定基準以下であることなどの厳しい要件を満たさなければなりません。あくまで最後の手段と心得ておきましょう。

テクニック 10

消費者トラブルに注意!!

消費者トラブルに巻き込まれるのは、高齢者に限ったことではありません。しかし、高齢者がターゲットになりやすいのは確かです。

高齢者は若い人に比べると判断力が鈍っています。また、孤独を感じている人も少なくありません。そのような高齢者に言葉たくみに近づき、詐欺まがいの契約をさせるなどのトラブルがあとを絶ちません。

パソコンやスマートフォンの販売、サポートなどの事業を展開する会社が高齢者に不相応なサービス契約をさせ、解約には10万円、20万円と法外な解除料を取っていたことが、一時期、問題になりました。同じように、光回線の契約をさせられ、解約を申し出ると、法外な解除料を請求されるなど、知識の乏しい人や高齢者のトラブルも問題となりました。

電話にしろ、訪問にしろ、親切そうな顔で近づいてくる人には気を付けましょう。トラブルに巻き込まれないためには、その場で契約をしないのが基本です。「いい話だ」と思ったとしても、必ずワンクッションおき、誰かに相談するようにしてください。

また、業者が強引に、貴金属などの金品を法外な安値で持ち去る悪徳商法の「押買《おしがい》」も暗躍していますから、安易に金目のものを渡さないように注意しましょう。

こんなトラブルがあります！

Case 1 携帯電話の不要な契約を行わせる

スマートフォンの契約先を変えようと思い、携帯電話会社の店舗に行ったところ、「２回線契約すると安くなる」と案内された。初めは断っていたが、店員に強く勧められ、１回線のみ契約する場合とあまり差がなかったので２回線を契約した。

契約書にサインする際に、さらに「合計５回線契約するとキャッシュバックが増額されるキャンペーン中である。MNP（番号ポータビリティ）で乗り換える回線以外の４回線はSIMカードだけの契約でよい。契約期間の拘束はあるが、半年後に解約して違約金を払ってもキャッシュバックは残る」と言われた。２、３回断ったが、しつこく勧誘され、結局合計５回線を契約してしまった。

Case 2 頼んでいない商品のキャンセル料を払わせる

突然知らない業者から「ご注文頂いた美容液を送ります」と電話があったので、「美容液を利用する習慣はない。頼んでいないので送らないでください」と言って電話を切った。後日差出人のない封書が届き、「美容液の注文の確認をしたが、頼んでいないなどと発送前日にキャンセルされ損害金が発生した。期間内に3,000円支払わなければ法的手段に訴える」と書いてあった。注文していないのだから損害賠償請求される覚えはないが、どうしたらよいか。

消費者トラブル

キーワードに気を付けて

一時期「オレオレ詐欺」などの振り込め詐欺が横行しました。ニュースなどで手口を公開し、注意を喚起していたにもかかわらず、被害があとを絶たなかったのは、「まさか自分のところに」「自分には関係ない」と誰しも思っていたからでしょう。

しかし「自分だけは大丈夫」という保証はどこにもありません。あなたのところに、いつなんどき魔の手が伸びてきても不思議はないのです。そうなったとき、その手をサッと払いのける(＝話に乗らない)には、事前に悪徳商法のキーワードや手口を知っておくことが大切です。

例えば、詐欺まがいのうまい投資話は、「元本保証高利回り」「ローリスクorノーリスク・ハイリターン」「儲かる」などとおいしい話を切り出し、「あなただけ特別に」などと言葉たくみに勧誘したりします。しかし、このご時世、そんなに得をする投資はありませんし、「あなただけに特別に紹介する」などということも、あり得ません。

「給付金」や「還付金」があるからと、キャッシュカードを持ってATMに行かせてお金を振り込ませる詐欺も流行りました。しかし、給付金や還付金は、所定の書類に必要事項を記入し、しかるべきところに申請しない限り、戻ってきません。相手がどんなに誠実そうでも、「給付金や還付金がATMで戻る」と匂わせた時点で、詐欺と断定し、その手を振り払いましょう。

よくあるこれはダメ！　なキーワード

給付金

給付金を装ってATMを操作させる、振り込め詐欺の典型例です。注意しましょう。

還付金

給付金と同じく、振り込め詐欺の手口のひとつです。とにかく、振込の際は注意しましょう。

非公開株式

実際には上場する予定がなかったり、発行会社自体が架空だったりと、詐欺の場合がほとんどです。

仮想通貨

仮想通貨のシステムの複雑さを逆手に取り、ユーザーを騙す詐欺が横行しています。

でも芸能人になれるわけじゃない！
芸能人も愛用
あなただけに特別に……
ローリスクハイリターン
そんなはずない！
それなら人に勧めず自分だけで儲ける！

消費者トラブル

トラブルに巻き込まれたら？

ここまで、消費者トラブルに巻き込まれないために、どのようなトラブルがあるのか、またどういったキーワードが怪しいのかをお伝えしてきました。

しかし、長い人生、どこかで消費者トラブルに巻き込まれてしまう可能性はゼロではありません。そんなとき、どうすればよいのかも知っておきましょう。

まず、消費者トラブルに巻き込まれたと気づいたら、一人で抱え込まずに家族などに相談してください。誰かに話すことで冷静になれるので、いったんクールダウンできると思います。

また、全国どこからでも3桁の電話番号でつながる消費者ホットライン「１８８（いやや！）」に電話しましょう。最寄りの消費生活センターや消費生活相談窓口を案内してくれます。そこでは、専門の相談員がトラブル解決を支援してくれます。消費生活センターは電話でも来所でも無料で相談することができます（通話料金はかかります）。まだトラブルになっていない不安や心配事の相談にも乗ってくれます。

解決方法としては、クーリングオフなどが考えられます。クーリングオフが利くかどうかは商品によるので、そのあたりも消費生活センターで相談してみるとよいでしょう。

自分の判断能力に不安を覚えるようになったら、成年後見制度を利用することも考えてみましょう（98ページ参照）。

こんな対策もあります！

消費生活センター

商品やサービスなど消費生活全般に関する苦情や問合せなど、消費者からの相談を専門の相談員が受け付けています。相談は無料。消費者ホットライン「188」ではお近くの相談窓口を案内してくれます。

クーリングオフ

訪問販売や電話勧誘などで契約をした場合、一定期間、無条件で申込みの撤回や契約を解除できる制度のこと。すべての取引に適用されるわけではなく、法律や約款などに定めがある場合に限られます。

成年後見制度

認知症などで判断能力が衰えてしまった人について、周囲の人が後見人となって、その人にとって不利益になるような契約から守ることができる制度。

消費者トラブル

成年後見制度を使う

認知症などによって判断能力が不十分な人の財産を不当な契約などから守るためにあるのが、成年後見制度です。

判断能力が不十分だと、不動産や預貯金などの財産の管理や、介護などのサービスや施設への入所に関する契約、遺産分割の協議などをしなければならなくても、自分で行うのが難しいことがあります。また、自分に不利益な契約であってもよく判断ができずに契約を結んでしまい、悪徳商法の被害にあってしまうこともあります。

まだ自分には関係のないことだと思っていませんか？　しかしこの制度は、あなた自身ではなくご両親に関係してくる可能性があるのです。

ご両親が消費者トラブルに巻き込まれてしまうと、あなたが解決しなければならないという場合もあるでしょう。そんなことにならないよう、少しでも不安があればぜひ、この制度の活用を検討してみてください。

対象になる人の判断能力の度合いによって、左ページで説明しているように成年後見制度は「後見」「保佐」「補助」と3つに分かれています。

申し立ては本人（認知症、知的障害、精神障害などによって物事を判断する能力に支障のある方）の住民票上の住所地を管轄する家庭裁判所に行います。申し立てができる人は、本人、配偶者、4親等内の親族、市区町村長、検察官などです。

成年後見制度の種類

名称	対象になる人	得られる権限
成年被後見人	判断能力が欠けているのが通常の状態の方	財産に関するすべての法律行為
被保佐人	判断能力が著しく不十分な方	申立ての範囲内で家庭裁判所が審判で定める特定の法律行為（本人以外の者の請求により、保佐人に代理権を与える審判をする場合、本人の同意が必要になります。補助開始の審判や補助人に同意権・代理権を与える審判をする場合も同じです）
被補助人	判断能力が不十分な方	申立ての範囲内で家庭裁判所が審判で定める特定の法律行為（本人以外の者の請求により、保佐人に代理権を与える審判をする場合、本人の同意が必要になります。補助開始の審判や補助人に同意権・代理権を与える審判をする場合も同じです）

コラム
6

連絡先をまとめておきましょう

家族と暮らしている人は問題ないと思いますが、ひとり暮らしの人は、何かあったときに連絡してほしい連絡先をまとめておくと便利です。

とっさのときに、電話番号を忘れてしまったり、すぐに出てこない！　ということも考えられます。どこか、すぐに確認できるような場所に連絡先をまとめた一覧表を貼っておくと、安心できるでしょう。

名前	電話番号

第4章

おさえておきたい年金の基本

基本 1

公的年金を請求するときはどうしたらいいの？

A 受給開始の約3か月前に書類が届きます

受給開始年齢の「約3か月前」に書類が届く

公的年金の受給資格を満たしている人には、受給開始年齢に到達する約3か月前に、日本年金機構から年金請求書が送付されてきます。年金の請求手続きは、受給開始年齢の誕生日の前日から行うことができます。

万が一、年金の請求が遅れてしまっても、5年前のものまではさかのぼって受け取ることができます。年金請求書が届かない場合は、登録されている住所が現住所と異なっていたり、受給資格要件（加入期間10年以上）を満たしていない可能性があります。

書類は郵送または窓口に提出

公的年金の請求手続きは郵送でも可能ですが、日本年金機構が運営している**年金事務所**や、全国社会保険労務士会連合会が日本年金機構から委託を受けて運営している**街角の年金相談センター**でも請求手続きができます（旧共済年金の加入者などは各共済組合の窓口でも手続き可能）。

年金事務所は近年混雑しているので、その際は街角の年金相談センターを利用するのもひとつの手です。双方ともインターネットで事前予約ができるので、ぜひご活用ください。

基本2

Ａ 公的年金の請求に必要な書類は？

基本的に必要なのはこの5つ！

①年金請求書

事前に送付されてくる請求書だけでなく、年金事務所などに備え付けの請求書を使用することもできます。

②受取先金融機関の通帳など（本人名義）

預金通帳のコピーを添付する場合や、年金請求書の所定欄に金融機関の確認印を受ける場合は、必要ありません。

③年金手帳（基礎年金番号通知書）または個人番号（マイナンバー）がわかるもの

基礎年金番号またはマイナンバーを使用することができます。

④印鑑（認印可）

⑤「戸籍謄本」「戸籍抄本」「戸籍の記載事項証明」「住民票」「住民票の記載事項証明書」のいずれか

受給者本人の生年月日を証明するための書類です。年金請求書の提出日の6か月前以降に交付されたものを使用する必要があります。なお、年金請求書にマイナンバーを記載する場合は、添付を省略することができます。

このほか、場合によっては、「雇用保険被保険者証」「世帯全員の住民票」「所得証明書」「課税（非課税）証明書」「源泉徴収票」「年金証書の写し」などが必要になります。詳しくは日本年金機構のＷｅｂサイトをご参照ください。

基本3

公的年金の支給日はいつ？

A 偶数月の15日

年6回に分けて支給される

年金請求書を日本年金機構に提出し、機構にて審査が正常に完了すると、約1～2か月後に「年金証書」および「年金決定通知書」が送付されてきます。これらの書類が届いてからさらに1～2か月が経過すると「年金振込通知書」が送付され、年金の受給が開始します。

公的年金は、金額の大小にかかわらず、**年6回に分けて**支払われます。**支払月は偶数月（2月・4月・6月・8月・10月・12月）**になっており、それぞれの支払月に、その前月までの2か月分の年金が支払われます。例えば、4月に支払われる年金は、2月および3月の2か月分となります。

支払日は偶数月の「15日」が原則

公的年金の支払日は、**偶数月の15日**が原則になっています。これは、どの金融機関（銀行、ゆうちょ銀行、信用金庫、信用組合、労働金庫など）を受取口座に指定しても変わりません。なお、15日が土曜日、日曜日または祝日のときは、その直前の平日が支払日となります。例えば、支払月の15日が日曜日、14日が土曜日の場合は、13日の金曜日が支払日となります。

公的年金の支給日

(前年12・当年1月分)	2月15日
(2・3月分)	4月15日
(4・5月分)	6月15日
(6・7月分)	8月15日
(8・9月分)	10月15日
(10・11月分)	12月15日

基本 4

税制優遇の手厚い資産形成手段が知りたい!!

18ページで述べた通り、近年、税制上の優遇措置の手厚い資産形成手段が創設・拡充されています。資産形成を行うなら、当然ながら**税制優遇が手厚いものから利用**するのが賢明です。

個人型確定拠出年金（iDeCo）

iDeCoは、かつては「企業年金のない会社員」および「自営業者・フリーランス」のみが利用できる制度でしたが、2017年1月から加入対象が拡大され、原則すべての公的年金被保険者が加入できるようになりました（ただし例外あり）。そのため、iDeCoの加入者数は近年急増しており、2019年8月末時点では約134・8万人となっています。

iDeCoの加入対象者および拠出限度額

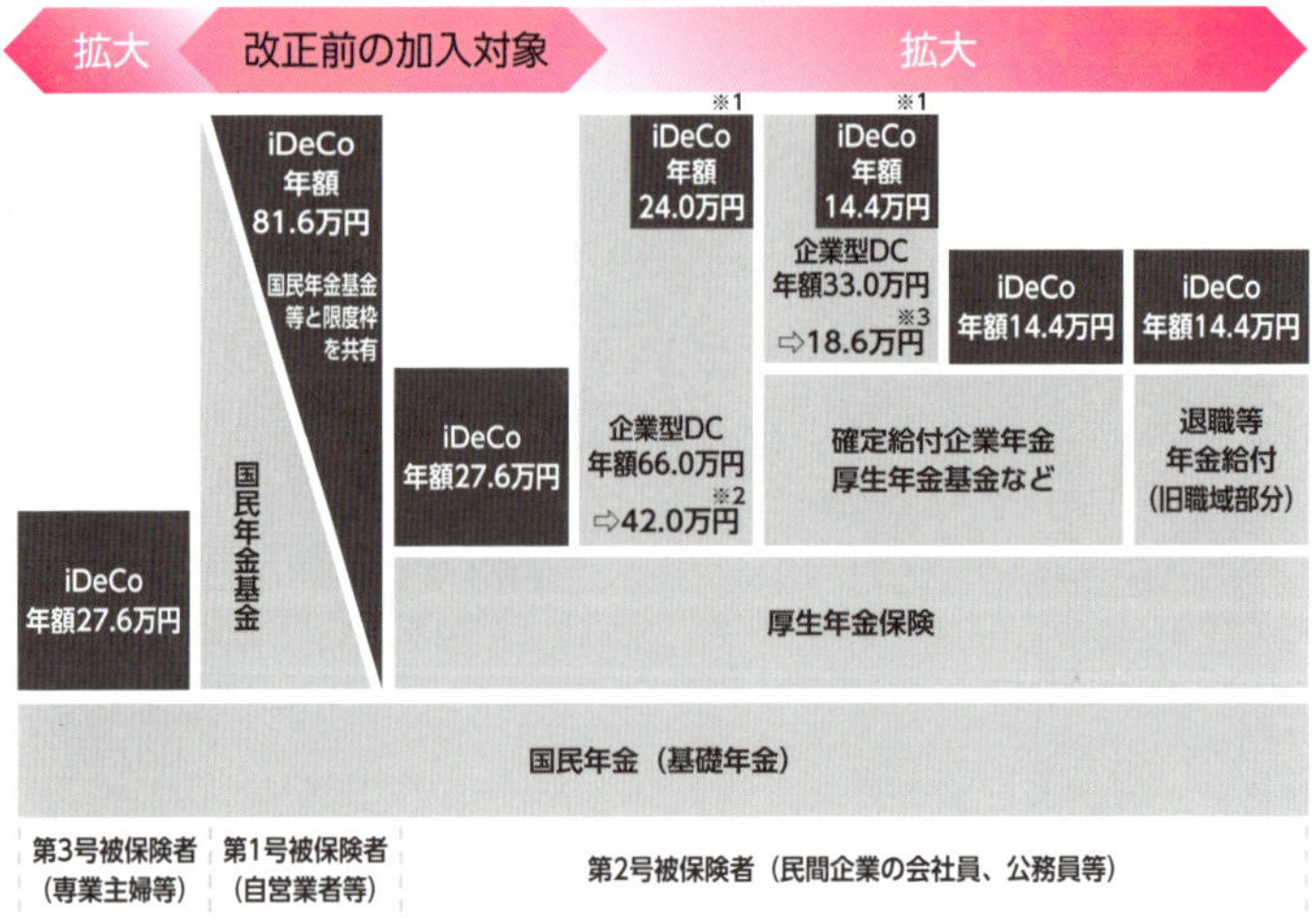

※1　企業型DCにおいてマッチング拠出を実施している場合は、iDeCoとの併用はできない。
※2　iDeCoとの併用を認める場合は、企業型DCの事業主掛金の上限を年額66万円から年額42万円に引下げること等を企業型DC規約に定めなければならない。
※3　iDeCoとの併用を認める場合は、企業型DCの事業主掛金の上限を年額33万円から年額18.6万円に引下げること等を企業型DC規約に定めなければならない。

①基本的なしくみ

iDeCoは、定期的に掛金を積み立てながら、預貯金や投資信託等で資産を運用し、60歳以降に分割（年金）または一括（一時金）で受け取るしくみです。つまるところ「積み立て貯金」と大差ありませんが、**運用商品をラインナップの中から自分で選べること**と、**税制優遇措置が非常に手厚い**のが特徴です。

②掛金

iDeCoの掛金額は、月額5000円以上（1000円単位）で加入者が任意に設定することができます。なお、被保険者の区分等によって拠出限度額が設けられています。

掛金額は年1回変更可能です。また、加入者（掛金拠出と資産運用の双方を行う者）から運用指図者（資産運用のみを行う者）に変更することにより、掛金拠出を一時的に中断することもできます。ただし、掛金を拠出しないと、後述するiDeCoの税制優遇措置のひとつである「所得控除」が受けられないので、注意が必要です。

iDeCoの基本的なしくみ

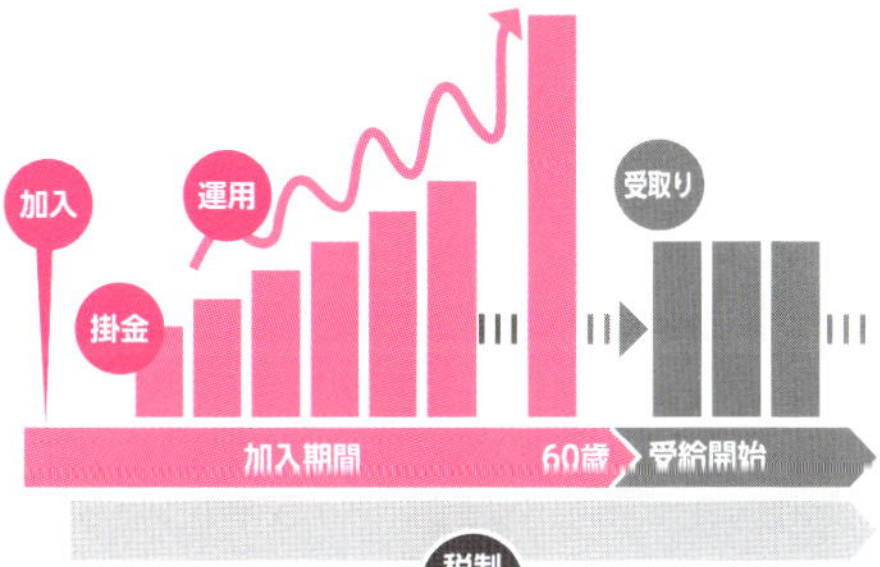

自分で拠出	自分で運用	年金受取
自分で設定した掛金額を拠出して積み立てていきます。	自分で選んだ運用商品（定期預金、保険商品、投資信託）で掛金を運用し、老後の資金を準備します。	受け取り額は、拠出した掛金の合計や運用成績によって、一人ひとり異なります。

③資産運用

iDeCoの資産運用は、金融機関（運営管理機関）が提示する運用商品ラインナップの中から、加入者自身が運用商品を選択（法令上は指図と言います）することにより行います。

運用商品の種類は、**元本確保型商品（預金など）**と**それ以外の商品（投資信託など）**に大きく分類されます。ひとつの運用商品だけを選択することも可能ですし、複数の異なる商品に分散投資することも可能です。

運用商品は随時変更することもできます。いきなり投資信託を選ぶのが怖い場合は、当初は預金を選び、慣れてきたらリスクの低い投資信託などを徐々に組み入れることもできます。

④給付

iDeCoは原則として60歳までは途中で引出しすることができないほか、資産運用の実績によって将来の給付額が増減します。

給付の種類には、「老齢給付金」「障害給付金」「死亡一時金」などがあります。老齢給付金は、加入者が60歳に到達してから、加入者の請求に基づき受給することができます。ただし、60歳時点で通算加入者等期間（積み立てもしくは運用している期間。左ページ下の※1を参照）が10年未満の場合は、受給開始年齢が延期されます。

受け取り方法は、5年以上20年以内の分割（年金）払いが原則ですが、全部または一部を一括（一時金）払いで受け取ることもできます。

⑤税制上のメリット

iDeCoは、公的年金の補完という政策目的を有しているため、拠出段階・運用段階・給付段階でそれぞれ税制上の優遇措置があります。

まず、**掛金は全額所得控除の対象**（小規模企業共済等掛金控除）となるため、その分、所得税と住民税の負担が軽減されます。次に、運用時に発生する利息・配当・売却益等は、通常の金融商品の場合は一律約20％で源泉分離課税されますが、iDeCoの**運用収益は全額非課税扱い**となります（ただし特別法人税［現在は凍結中］の課税対象）。さらに、**受取時も各種控除が適用**（公的年金等控除・退職所得控除）されるなど、個人で利用できる制度としては、税制上もっとも優遇されていると言えます。

⑥注意点

iDeCoは、**60歳までの中途引出し・解約は禁止**されているため、目的は老後資産の形成のみに限定されます。また、iDeCoは**金融機関（運営管理機関）によって手数料や運用商**

iDeCoの給付の種類

	受給要件	障害給付金	死亡一時金	脱退一時金
受給要件	原則60歳に到達した場合（下記参照）	傷病によって一定以上の障害状態になった場合	加入者が死亡した場合（遺族が受給）	一定の要件を満たした場合
給付形態	●年金（5年以上20年以下）※終身年金の購入も可 ●一時金	●年金（5年以上20年以下）※終身年金の購入も可 ●一時金	一時金	一時金

老齢給付金の受給開始年齢と必要な通算加入者等期間

通算加入者等期間※1	受け取り開始できる年齢	
10年以上	60歳	遅くとも70歳までに受け取り開始の手続きをする必要あり。※2
8年以上10年未満	61歳	
6年以上8年未満	62歳	
4年以上6年未満	63歳	
2年以上4年未満	64歳	
1か月以上2年未満	65歳	

※1 iDeCoおよび企業型確定拠出年金における加入者・運用指図者の期間の合算
※2 70歳までに手続きしないと、一括でしか受け取れなくなる

品ラインナップが異なるので、加入の際は慎重に検討してください。

少額投資非課税制度（NISA）

NISAは、少額からの投資を奨励するための制度として2014年に創設されました。20歳以上の国内居住者であれば、誰でも利用できます。**年間120万円（総額600万円）まで**の株式または投資信託等の購入に対し、**運用収益が全額非課税**となります。また、iDeCoとは異なり、年齢にかかわらずいつでも売却・換金することができます。

つみたてNISA

つみたてNISAは、長期の積立投資を支援するための制度として2018年に創設されました。**年間40万円（総額800万円）まで**の積み立てに対し、**運用収益が全額非課税**となります。NISAとの大きな違いは、投資対象が「長期の積立投資に適したもの」として金融庁が定めた基準を満たした投資信託・株価指数などに連動したETF（上場投資信託）などに限定されている点です。

個人年金保険

個人年金保険は、受取期間（終身・確定）、保険料の払込方法（平準払い・一時払い）、死亡保障の有無により、さまざまなタイプがあります。また、運用実績によって年金額や解約返戻金の額が変動する「変額」タイプの個人年金保険もあります。

個人年金の保険料は一定の要件を満たせば、年4万円を上限に**個人年金保険料控除の対象**です。

NISAのしくみ

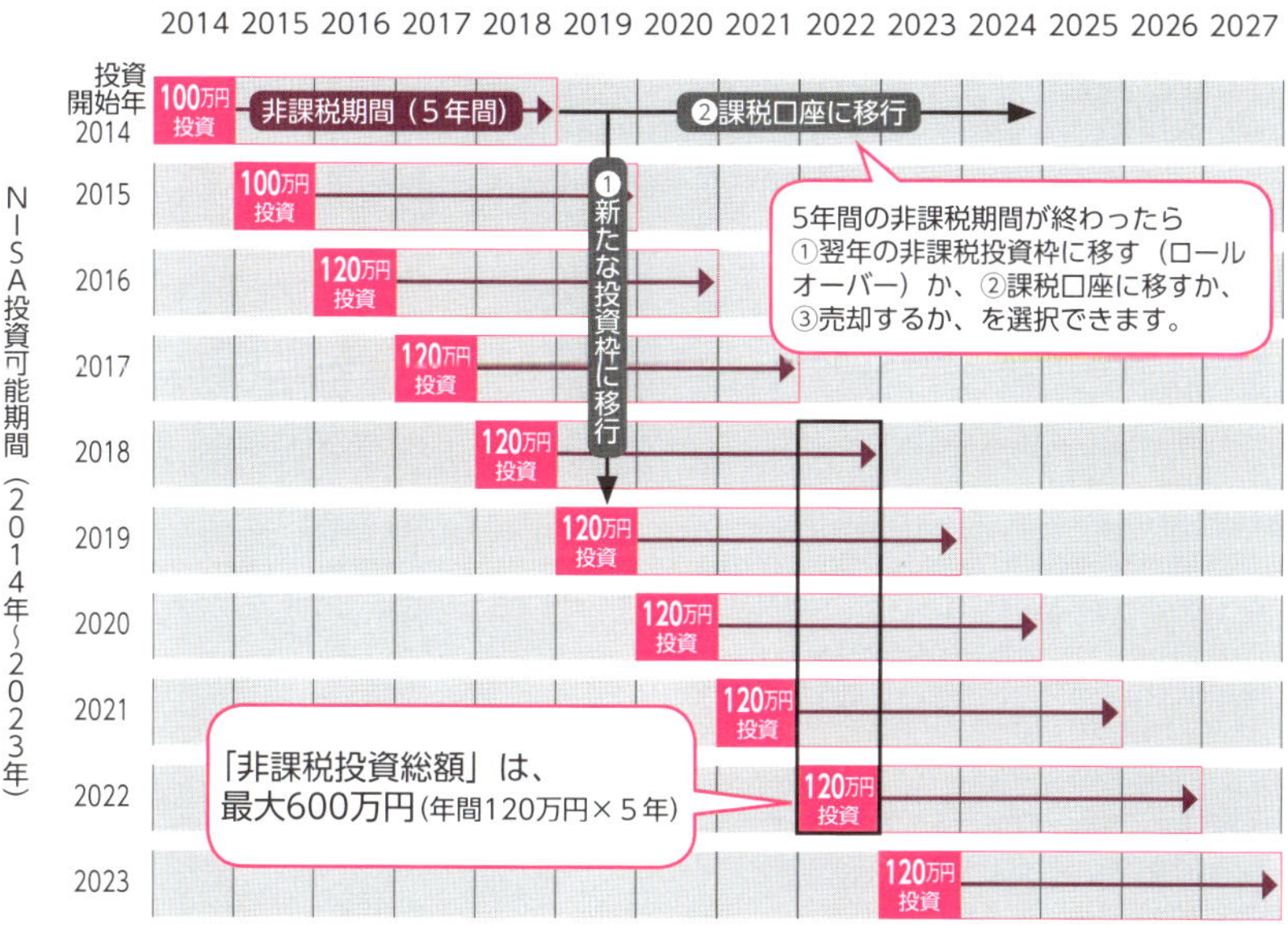

出典：金融庁Webサイト

つみたてNISAのしくみ

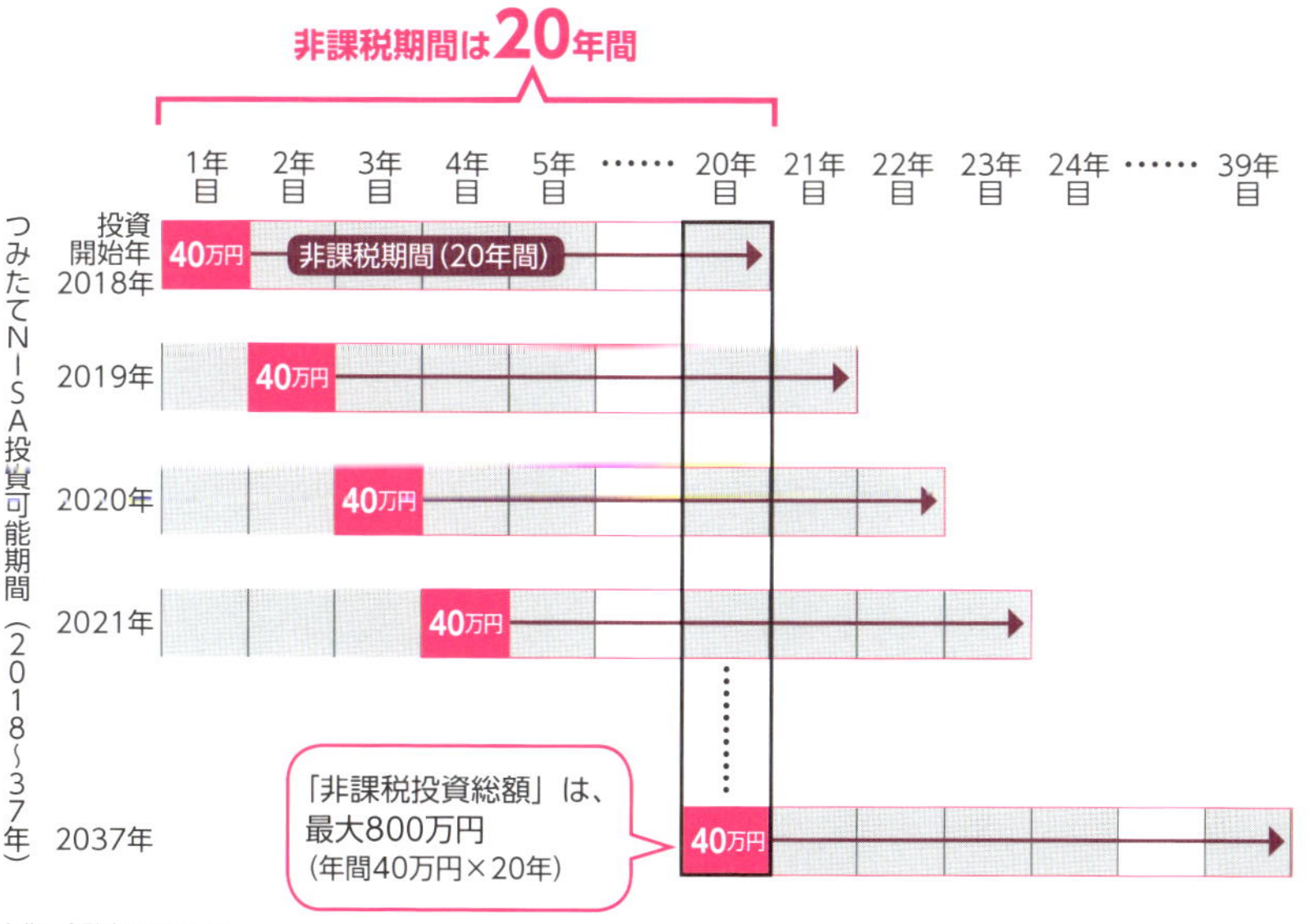

出典：金融庁Webサイト

基本 5

会社員が利用できる私的年金など

20ページで述べた通り、会社員・公務員の場合、まずは**勤務先にどんな制度があるか**を、勤務先の総務・人事部門に問い合わせたり、勤務先の規程などを見たりして確認しましょう。

会社が提供する制度として代表的なのが**退職金（退職一時金）**制度です。退職金制度は、近年は給付減額や廃止が相次いでいると言われていますが、それでもなお日本の企業の約80%が導入しています。

また、企業によっては、退職一時金を発展させた**企業年金**制度を導入している場合があります。企業年金は、退職一時金を分割（年金形式）で受け取ることができる制度で、確定給付企業

わが国の主な退職給付（退職金・企業年金）制度

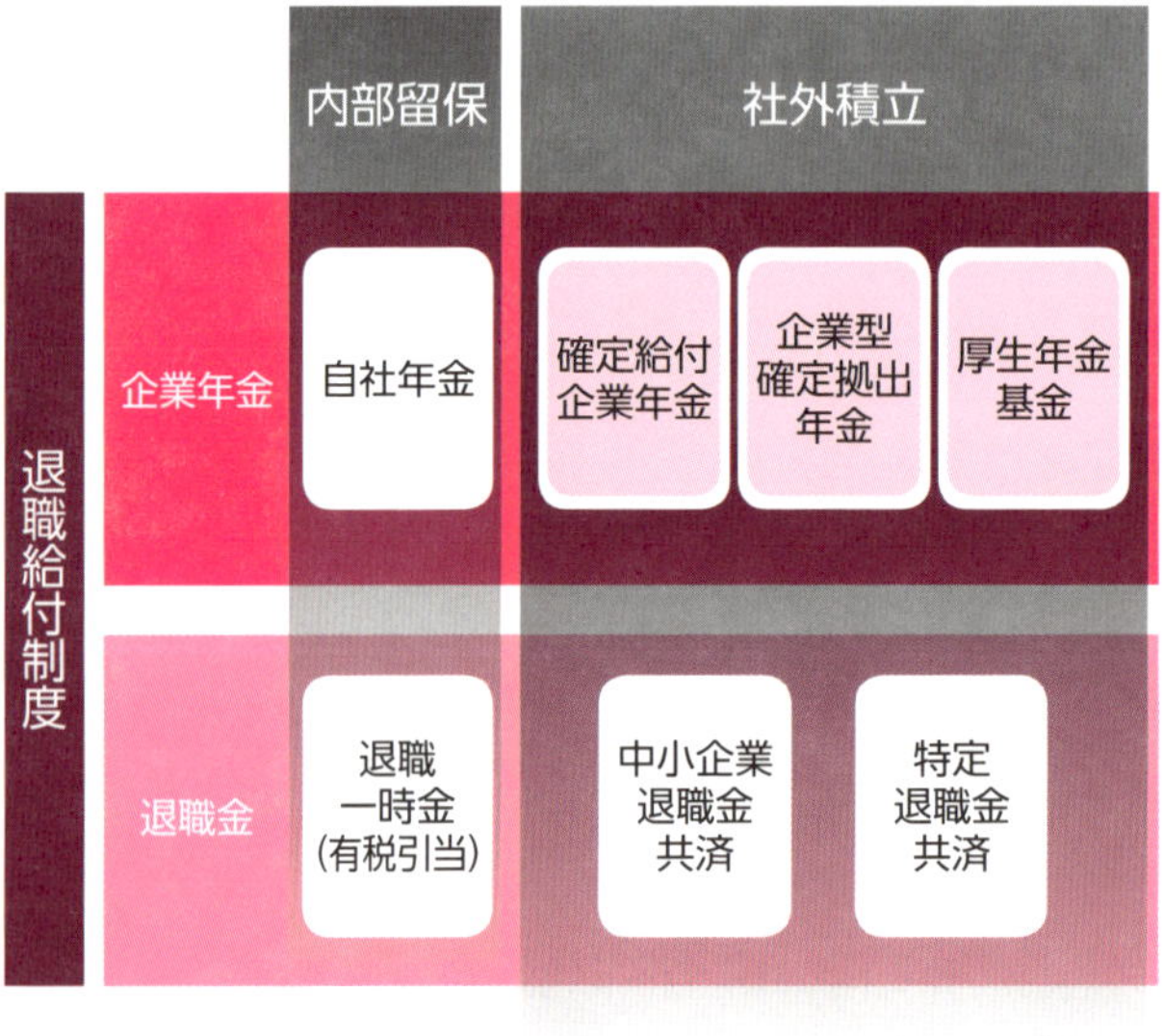

年金、企業型確定拠出年金などがあります。

(1)退職金制度

①退職一時金

退職一時金制度は、退職時に一定程度の金額が支給される制度で、わが国では約80％の企業が導入しています。とりわけ、定年時に支給される「定年退職金」は、老後生活を支える大きな資金なので、住宅ローンの返済などの使い道がないのであれば、大事に残しておきたいところです。

退職一時金の金額は、基本的には勤続期間が長くなるほど、また退職時の給与が高くなるほど、金額が大きくなる傾向にありましたが、現在では「ポイント制」など現役期の人事評価等が反映される設計が主流になりつつあります。

また、退職一時金は、税法上は「退職所得」に分類され、「退職所得控除」をはじめさまざまな優遇措置が適用されるため、ほぼ非課税で受け取れるケースが多くなっています。

②中小企業退職金共済（中退共）

中退共は、独立行政法人勤労者退職金共済機構が運営する、中小企業の従業員のための社外積立制度です。会社が掛金を毎月積み立て、従業員が退職するときには勤続期間に応じた一時金を支給します。業種別の制度として、特定業種退職金共済（建退共、林退共、清退共）と呼ばれる制度もあります。

③特定退職金共済（特退共）

特退共とは、市町村、商工会、商工会議所等の団体が「特定退職金共済団体」の承認を受けて、中退共と類似した退職金の外部積立を行う制度です。当該団体の会員企業や所管地域内に属する企業であれば、中堅以上の規模の企業でも加入することができます。

(2) 企業年金制度

企業年金は、名前こそ「年金」と付いていますが、その実態は**退職金の分割払い**であり**賃金の後払い**の性質を有しています。給付額を約束する**給付建て（確定給付型：DB）**タイプと、掛金額を事前に定める**掛金建て（確定拠出型：DC）**タイプに大きく分かれます。

①確定給付企業年金

確定給付企業年金は、企業が直接運営する**規約型**と、企業とは別の法人（企業年金基金）が運営する**基金型**に分かれます。基金型は主に企業が単独で実施する形態のほか、特定の業界・

確定給付型（DB）と確定拠出型（DC）の違い

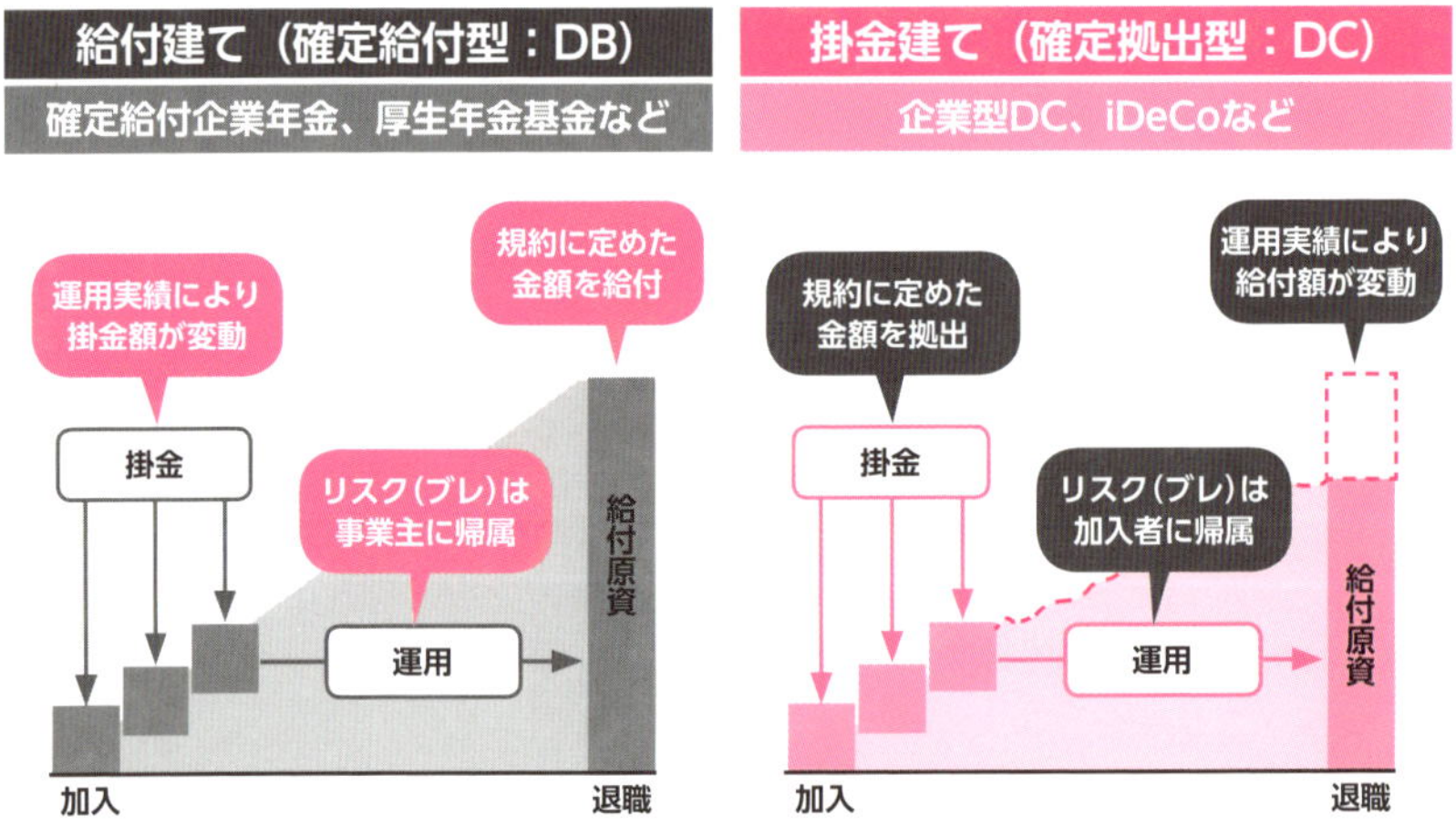

- 規約で定めた給付（年金または一時金）を行う
- 制度運営・資産運用は企業（事業主）が実施
- 企業の人事政策を反映した給付設計が可能

- 掛金と運用収益の元利合計で給付額が決まる
- 加入者の持分は、個人ごとに明確に区分
- 原則として中途引き出しは禁止

地域に属する複数の企業がひとつの基金に加入する「総合型」と呼ばれる形態もあります。

給付は**分割（年金形式）での受け取りが原則**ですが、全部または一部を**一括（一時金形式）で受け取ることも可能**です。実態としては、一括受取を選択する受給者が大半です。

②企業型確定拠出年金（企業型DC）

企業型DCは、106ページで解説した個人型確定拠出年金（iDeCo）と並ぶ、確定拠出年金制度の一種です。iDeCoは加入者が自ら加入し掛金を積み立てるのに対し、企業型DCは**勤務先が従業員の専用口座に掛金を拠出**するのが特徴です。

資産運用や給付のしくみ、あるいは60歳まで中途引き出しや解約ができないといった**制度の基本的なしくみはiDeCoとほぼ同じ**です。

企業型DCとiDeCoの違い

企業型確定拠出年金（企業型DC）

- 掛金：企業が主体
- 運用：従業員（加入者）が指図
- 給付：従業員（加入者）が受取

個人型確定拠出年金（iDeCo）

- 掛金：加入者が主体
- 運用：加入者が指図
- 給付：加入者が受取

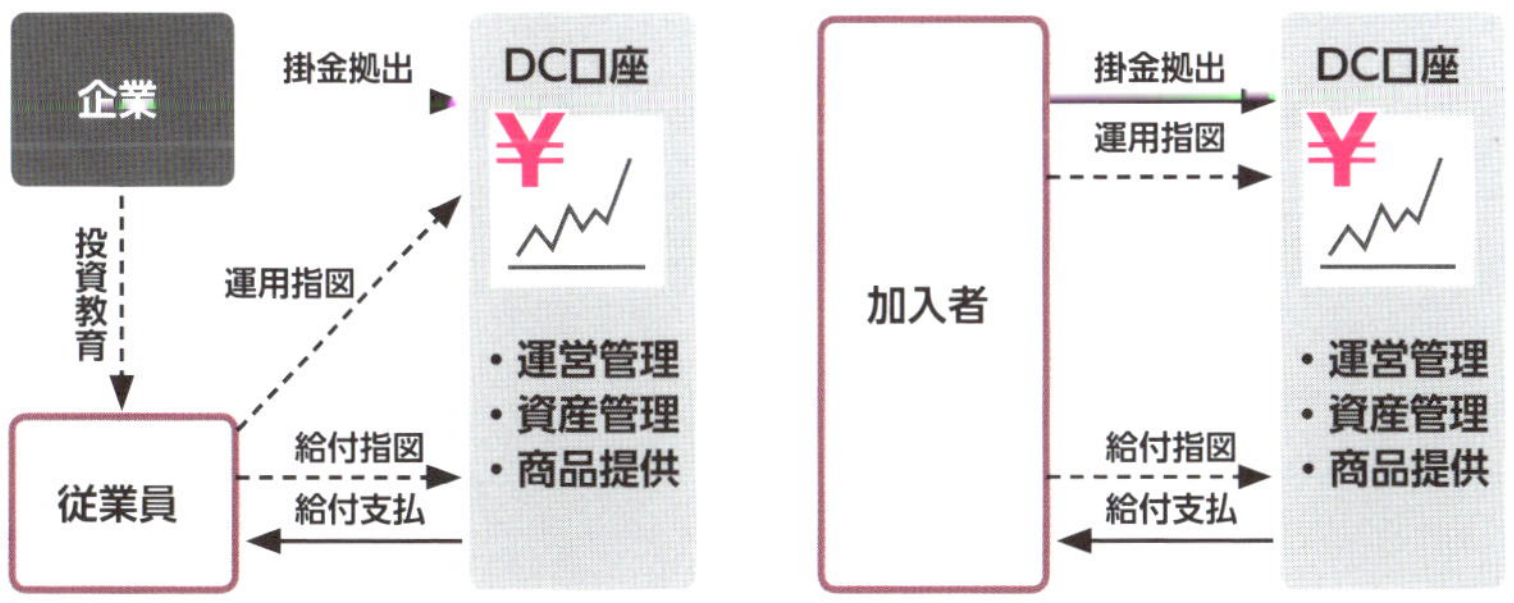

③厚生年金基金

厚生年金基金は、老齢厚生年金の一部を国に代わって代行給付するとともに、企業独自の上乗せ給付を行う制度です。かつてはわが国の企業年金の主役的な位置付けでしたが、現在は法改正により縮小措置がとられています。

(3)勤務先が窓口となって加入する制度

勤務先に退職金制度や企業年金制度がない場合は、財形年金貯蓄など**勤務先を通して加入できる制度（商品）**があるかどうかを確認してみましょう。これらの制度（商品）は、機能的には一般の金融・保険商品と大差ありませんが、**個人で加入するよりも手数料やサービスの面で優遇されている**のが一般的です。

①財形年金貯蓄（年金財形）

年金財形は、一般財形、住宅財形と並ぶ、勤労者財産形成促進制度（財形制度）に基づく貯蓄支援制度です。預金型商品だと元利合計で550万円まで、保険型商品だと払込累計額で385万円までの積み立てに対し、**運用収益にかかる税金が非課税**となります（非課税限度額はいずれも住宅財形との合算）。

②グループ保険、拠出型企業年金保険など

基本的なしくみは一般向けの保険商品と変わりませんが、勤務先が加入手続きや保険料の取りまとめ等を行うことにより、**個人で加入するよりも保険料が割安**なのが特徴です。

(4)労働組合が窓口となって加入する制度

勤務先に労働組合がある場合、当該労働組合が**組合員向けの保障（共済）制度を提供**している場合があります。これらの共済制度は、**民間の保険に比べて保険料が低廉**なのが一般的です。

代表的な共済として、こくみん共済coop（全労済：全国労働者共済生活協同組合連合会）が提供している団体生命共済や新団体年金共済があります。また、電機連合やUAゼンセンなどの大手の産別（業界単位）組合では、独自の共済制度を組合員に提供しています。

(5)税制優遇が手厚い制度

106～111ページで解説した税制優遇が手厚い制度（iDeCo、NISA、つみたてNISA、個人年金保険）は、当然ながら会社員・公務員も利用可能です。もし**勤務先に前述(1)～(4)に掲げた制度がないならぜひ活用したい**ところです。

なお、会社員・公務員のiDeCoの拠出限度額は、勤務先の企業年金制度に加入できるか否かによって**年間14・4万円から27・6万円の範囲**で変わってきます。また、会社員・公務員がiDeCoに加入する場合、**勤務先にも書類を記載・押印してもらう必要**があるほか、勤務先の企業型DCで加入者も掛金を拠出（マッチング拠出）している場合はiDeCoに加入できないといった制約があるので、事前に確認しておく必要があります。

基本 6

自営業者が利用できる私的年金など

22ページで述べた通り、自営業者・フリーランスの場合、公的年金は国民年金しかないものの、国民年金に上乗せして**自助努力で老後に備えるための制度は数多く用意**されています。ただし、制度を選ぶ場合は、「税制優遇が手厚い制度」あるいは「手数料が割安な制度」から検討することが重要なのは、会社員の場合と同様です。

(1)自営業者・フリーランスのみが利用できる制度

①付加保険料（付加年金）

付加年金とは、国民年金保険料に追加で付加保険料（一律月額400円）を納付することにより、老齢基礎年金に**「200円×付加保険料納付月数」分の年金が上乗せ支給**される制度です。付加保険料だけでみると、**おおむね2年間で元が取れるしくみ**となっています。**保険料は全額社会保険料控除の対象**ですが、国民年金保険料の免除・猶予を受けている人や国民年金基金の加入者は、付加年金を納めることができません。

②国民年金基金

国民年金基金制度は、自営業者・フリーランスと会社員の年金格差を是正する観点から、1991年から実施されている制度です。**1口目は終身年金が原則**となっていますが、2口目以降は終身年金・確定年金とも選択可能です。

保険料は全額社会保険料控除の対象ですが、掛金は年81・6万円まで（iDeCoと限度枠を共有）となっています。なお、国民年金保険料の免除・猶予を受けている人や付加保険料を納めている方は、国民年金基金には加入できません。

③小規模企業共済

小規模企業共済とは、独立行政法人中小企業基盤整備機構が運営する、小規模企業の経営者および個人事業主のための社外積立制度です。個人事業主が事業を廃止したり死亡したときに、所定の共済金が支払われます。掛金は月額1000円から7万円までの範囲内（500円単位）で自由に選択できるほか、**掛金は全額小規模企業共済等掛金控除の対象**になります。

(2)税制優遇が手厚い制度

106～111ページで解説した税制優遇が手厚い制度（iDeCo、NISA、つみたてNISA、個人年金保険）は、当然ながら自営業者も利用可能です。とりわけiDeCoは、元々は自営業者・フリーランスのための制度として創設された経緯から、多くの自営業者・フリーランスの人が利用しています。**拠出限度額は年81・6万円まで**（国民年金基金・付加年金と限度枠を共有）と、会社員・公務員などに比べて非課税枠が大きいのも魅力です。

(3)業界団体等が窓口となって加入する制度

もし自営業者・フリーランスの人で何らかの業界団体に所属している場合、当該業界団体が窓口となって加入できるグループ保険や共済制度などがある場合があります。個人で契約するよりも手数料やサービスの面で優遇されているのは、会社員のグループ保険などと同様です。

基本7

自営業者・フリーランスの妻が老後対策で注意すべきこと

公的年金は自営業者・フリーランスの妻にも冷たい!?

26ページで述べた通り、公的年金に関しては、自営業者・フリーランスよりも会社員・公務員のほうが手厚くなっています。これは、**自営業者・フリーランスの妻にも同じことが言えます。**

会社員・公務員（第2号被保険者）に扶養されている妻（被扶養配偶者）は、公的年金では「第3号被保険者」として保険料を支払うことなく基礎年金に相当する年金がもらえるのに対し、自営業者・フリーランスの妻（厚生年金等に加入していない）は、その夫と同様に「第1号被保険者」として保険料を納付しなければなりません。

これは、会社員・公務員は定年を迎えると強制的に退職させられるのに対し、自営業者は「引退時期を自分で決められる」「老後もある程度働ける」という前提のもとに制度が設計されたからです。

しかし、社会は変化しています。その変化に対応すべく制度が改正されるのは、まだ先の話になりそうです。

良くも悪くも「一人前」扱い

ただ、一方では、自営業者・フリーランスの妻は、夫と同様に、**任意加入で老後に備えるための選択肢が多い**とも言えます。

例えば、会社員・公務員の妻（被扶養配偶者）は付加保険料（付加年金）や国民年金基金を利用することはできませんが、自営業者・フリーランスの妻（第1号被保険者）なら大手を振って利用できます。

また、個人型確定拠出年金（iDeCo）は、会社員・公務員の妻が年27・6万円までしか拠出できないのに対し、自営業者・フリーランスの妻なら年間で最大81・6万円まで拠出することが可能です。自営業者・フリーランスの妻は、**良くも悪くも「一人前」扱い**であると言えます。

基本8

「おひとりさま」の老後対策

男性よりも女性のほうが深刻!?

生涯未婚率の上昇に伴い、いわゆる「おひとりさま」のまま老後を迎える人が増えています。

現在の平均的なおひとりさま世帯（ここでは高齢単身無職世帯）の老後生活費をみると、1か月あたりの支出額は16・2万円。夫婦世帯（26・5万円）よりも少なくて済むようです。

一方、老齢厚生年金の平均月額を男女別にみると、男性の17・5万円に対し、女性は10・9万円となっており、女性の場合は月5・3万円のマイナスとなります。

老齢厚生年金の年金額は、基本的には**給与水準（標準報酬月額）と勤続期間（被保険者期間）に比例**するため、女性でもバリバリ稼いでいる人は男性並みに年金を受け取れます。とはいえ現時点では、**おひとりさまの老後は女性のほうがより深刻**であることは確かです。

「おひとりさま」だからといって特効薬はない

それでは、おひとりさまはどうやって老後に備えるべきでしょうか？

といっても、やるべきことは、夫婦世帯の方とまったく同じです。これまで説明した通り、公的年金であれば「長く加入する」「保険料をたくさん払う」「繰下げ受給を活用する」、私的

おひとりさま世帯の老後生活費（2018年）

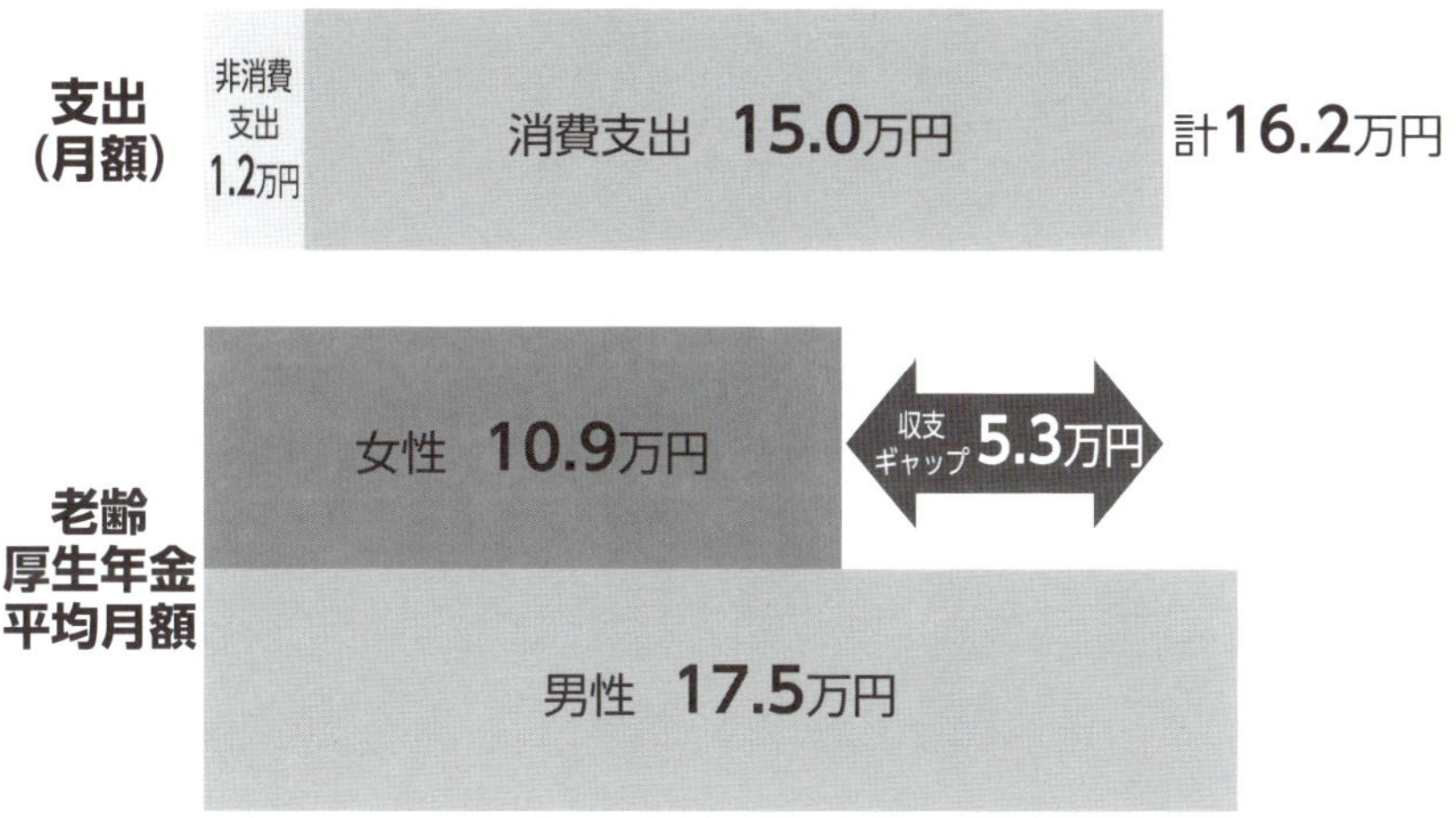

出典：総務省統計局「2018年家計調査年報（家計収支編）」および厚生労働省「平成29年度厚生年金保険・国民年金事業の概況」を基に作成。

年金であれば「利用できる制度を活用する」「税制優遇の手厚い制度を活用する」ことを心がけましょう。

しかしおひとりさまの場合は、配偶者や子・孫のことを考慮せず自分自身のことだけを考えれば済む分、じつは夫婦世帯よりも解決方法はシンプルです。

むしろ、おひとりさまの老後生活で深刻なのは、「一人で生きていく覚悟を持てるか」「終の住処はどうするのか」「後見人や相続はどうするのか」といった**老後の生き方をどう考えるかという心構え**なのかもしれません。

離婚したら、年金の半分が配偶者のものに!?

2種類ある「離婚分割」

公的年金は、モデル年金額の出し方にもあるように、基本的には夫婦（世帯単位）で受給するよう設計されています。

しかし、個々人の多様な生き方への対応や、夫婦世帯における「内助の功」を考慮すべきとの観点から、2007年4月以降、厚生年金被保険者が離婚した際に、配偶者に対し厚生年金の加入記録（≒年金額）を分割できるようになりました。これを俗に「離婚分割」といいますが、離婚分割には**合意分割**と**3号分割**の2種類があります。

合意分割とは、夫婦間の合意または裁判等により、婚姻期間中の加入記録（保険料納付記録）を最大50％まで分割できるしくみのことです。分割可能なのは2007年4月1日以降に成立した離婚に限られますが、分割対象となる期間には2007年3月以前の婚姻期間も含めることができます。

3号分割は、2008年5月1日以降の離婚について、夫婦の一方が第3号被保険者だった場合、婚姻中の2008年4月以降の第3号被保険者期間について厚生年金の加入記録を自動的に2分の1に分割するしくみのことです。

合意分割も3号分割も、分割を受けた配偶者が受給開始年齢に到達したら、年金を受給開始することができます。また、分割後に元配偶者が死亡しても、いったん分割を受けた年金額は生涯にわたって受給することができます。

必ず半分がもらえるわけではない！

離婚分割というと、**「離婚しても夫の年金の半分が必ずもらえる！」と勘違い**している人が少なくありませんが、実際のところは……？

まず、合意分割も3号分割も、分割対象となるのは**婚姻期間中の厚生年金の報酬比例部分の加入記録のみ**。婚姻前の加入記録は対象外ですし、老齢厚生年金以外の年金（老齢基礎年金、企業年金・退職金、個人年金ｅｔｃ）は分割の対象ではありません。

次に分割割合（按分割合）ですが、合意分割では**0～50％の範囲で両者の「合意」により定める**ほか、合意できなければ家庭裁判所が分割割合を決定するため、夫の年金の半分が必ずもらえるわけではありません。

一方、3号分割は、合意がなくても自動的に2分の1に分割されますが、**自動的に分割されるのは2008年4月以降の婚姻期間のみ**であり、2008年3月以前の婚姻期間に係る分割割合は、やはり合意により決めなければなりません。

さらに、離婚分割というと「夫から妻へ分割するもの」と思われがちですが、夫も妻も会社員として働いていた場合、妻のほうが加入期間（厚生年金被保険者期間）や給与の額（標準報酬月額）が多ければ、**妻から夫へと分割される可能性**もあります。

離婚分割の請求は、原則として、**離婚成立日の翌日から2年以内**に行う必要があります。

おわりに

老後のお金や生活に漠然とした不安を感じている人は多く、いろいろな情報に踊らされてしまいがちです。一人ひとりの人生がみな同じではないように、老後にかかるお金は人それぞれです。老後の資金が２０００万円、３０００万円あれば安心であると、一概には言えません。なぜならこれらはあくまでもあるモデルケースから切り取った断片的な金額でしかないからです。また、定年後の働き方や資産運用状況によっても、老後のプランは変わってきます。ご自身の年齢から老後までの期間を考えて何をすることが有利なのかをこの本ではわかりやすく解説しました。

そしてまた大切なのは、現役時代から生活費や経費をコンパクトにしておくことです。かかる費用を抑えることで、必要な生活費は少なくなり、貯蓄や投資額を増やすことにつながります。

リタイア世代には、割引や優待といった嬉しい制度もたくさんあります。これらを活用すれば、限られたお金でも楽しく過ごすことができるでしょう。

老後までの時間が長くても短くてもできることはあります。この本を手に取ってくださった方の、老後における不安を少しでも取り除くことができることを願っております。

またこの本を作成するにあたり、真っ先にご一緒したいと考えた年金のプロ谷内陽一様、同じく文章を担当してくださった佐藤美由紀様、幻冬舎の黒川美聡様他、この本の作成に係わってくださったすべての方にこの場をお借りしてお礼を申し上げます。

丸山晴美

本書を執筆中の2019年6月3日、金融庁の金融審議会／市場ワーキング・グループの報告書「高齢社会における資産形成・管理」が公表されると、「収入と支出の差である不足額約5万円が毎月発生する場合には（中略）30年で約2000万円の取崩しが必要になる」との表記が「公的年金だけでは老後に2000万円不足する」と曲解されてしまい、大きな物議を醸したのは記憶に新しいところです。

しかし、2000万円という数字はあくまで統計上の「平均値」であり、老後の収入・支出がどの程度必要になるのかは、個々人の置かれた環境（年齢・生活習慣ｅｔｃ）に大きく左右されます。重要なのは、世間に蔓延している平均値や一般論を鵜呑みにするのではなく、皆さまがご自身の状況をきちんと把握することです。

そして、50代という年代は、老後生活を「自分ごと」としてようやく意識できる時期であるとともに、公的年金や退職金・企業年金の額を踏まえたうえで、必要な金額の準備に着手できる「最後のチャンス」でもあります。

本書は、いま50代の皆さまがこれから明るい老後生活を迎えるために必要な処方箋を、収入面・支出面の双方から解説している稀有な一冊です。本書の刊行にご協力いただいた幻冬舎の黒川美聡様、ライターの佐藤美由紀様、そして共同執筆の機会をご提供いただいた丸山晴美様には、この場をお借りして厚く御礼申し上げます。

末筆ながら、本書が読者の皆さまの豊かな老後のための一助となれば、共著者としてこれに勝る喜びはございません。

谷内陽一

丸山晴美

ファイナンシャルプランナー、消費生活アドバイザー、節約アドバイザー。旅行代理店、コンビニ店長などを経て、2001年からマネーの専門家としてTV、雑誌などで幅広く活躍している。自身の経験をもとにした、初心者にもわかりやすいマネー術に定評あり。著書・監修書に『得するお金のスゴ技大全』『定年後に必要なお金「新・基本のキ」』（ともに宝島社）など。

公式HP　http://www.maruyama-harumi.com

谷内陽一

社会保険労務士、証券アナリスト（CMA®）、1級DCプランナー、DCアドバイザー。2015年10月より日本年金学会幹事（役員）を兼任。

1997年 厚生年金基金連合会（現：企業年金連合会）入職。約10年にわたり適用・数理・資産運用等の業務に従事。全労済協会、りそな銀行などを経て、2019年10月第一生命入社。著書に『そこが知りたい 企業年金の税制』（共著・金融財政事情研究会）など。

STAFF

取材・文：佐藤美由紀

イラスト：森海里

デザイン：茂呂田剛（エムアンドケイ）

編集：黒川美聡（幻冬舎）

50代から知っておきたい！

年金生活の不安、解消します

2019年11月25日　第1刷発行

著　者　丸山晴美　谷内陽一

発行者　見城 徹

発行所　株式会社 幻冬舎

〒151-0051 東京都渋谷区千駄ヶ谷4-9-7

電話　03（5411）6211（編集）

　　　03（5411）6222（営業）

振替　00120-8-767643

印刷・製本所　錦明印刷株式会社

検印廃止

Printed in Japan

ISBN978-4-344-03546-1　C0095

幻冬舎ホームページアドレス　https://www.gentosha.co.jp/

この本に関するご意見・ご感想をメールでお寄せいただく場合は、

comment@gentosha.co.jpまで。